FUNDOS IMOBILIÁRIOS

FUNDOS IMOBILIÁRIOS
DE UMA FORMA QUE NINGUÉM NUNCA EXPLICOU
© Almedina, 2023
AUTOR: Lucas Fleury

DIRETOR DA ALMEDINA BRASIL: Rodrigo Mentz
EDITOR: Marco Pace
EDITOR DE DESENVOLVIMENTO: Rafael Lima
PRODUTORA EDITORIAL: Erika Alonso
ASSISTENTES EDITORIAIS: Letícia Gabriella Batista e Tacila da Silva Souza
ESTAGIÁRIA DE PRODUÇÃO: Natasha Oliveira

REVISÃO: Tatiane Carreiro
DIAGRAMAÇÃO: Tangente Design
DESIGN DE CAPA: Daniel Rampazzo

ISBN: 9786587019789
Novembro 2023

DADOS INTERNACIONAIS DE CATALOGAÇÃO NA PUBLICAÇÃO (CIP)
(CÂMARA BRASILEIRA DO LIVRO, SP, BRASIL)

Fleury, Lucas
  Fundos imobiliários : de uma forma que ninguém nunca explicou /
Lucas Fleury. – São Paulo : Actual, 2023.

  ISBN 978-65-87019-78-9

  1. Ações (Finanças) 2. Economia 3. Investimentos 4. Fundos de investimentos
imobiliários I. Título.

23-177213   CDD-332.6324

Índices para catálogo sistemático:

1. Fundos imobiliários : Investimentos : Economia financeira 332.6324
Eliane de Freitas Leite – Bibliotecária – CRB 8/8415

Este livro segue as regras do novo Acordo Ortográfico da Língua Portuguesa (1990).

Todos os direitos reservados. Nenhuma parte deste livro, protegido por copyright, pode ser reproduzida, armazenada ou transmitida de alguma forma ou por algum meio, seja eletrônico ou mecânico, inclusive fotocópia, gravação ou qualquer sistema de armazenagem de informações, sem a permissão expressa e por escrito da editora.

EDITORA: Almedina Brasil
Rua José Maria Lisboa, 860, Conj.131 e 132, Jardim Paulista | 01423-001 São Paulo | Brasil
www.almedina.com.br

FUNDOS IMOBILIÁRIOS
DE UMA FORMA QUE NINGUÉM NUNCA EXPLICOU

LUCAS FLEURY

2023

Aos amigos Mayko Alexandre Mattos de Melo, Diretor Financeiro da Scitech Medical, e Maria Clara De Podestà, sócia fundadora da Blue Asset, por terem prontamente aceitado o convite para ajudar na revisão desta obra. Muito obrigado por suas valiosas contribuições. Ao meu sócio, Hugo de Castro Palhares, em lembrança de tantos desafios superados no mercado imobiliário e na vida. Aos meus familiares e amigos, por todo o incentivo.

PREFÁCIO

Quando conheci o mercado de fundos imobiliários, eu era um jovem recém-formado. E o mercado de FIIs também estava no seu começo. O ano era 2007, quando trabalhei em uma das maiores gestoras da época e me encantei por aquele segmento. Isso porque ele aproximava dois mundos distintos: de um lado, a beleza e o glamour do mercado financeiro; e do outro, a economia real do mercado imobiliário.

Eu me apaixonei pelos fundos imobiliários e decidi que ia aprofundar a busca por mais conhecimento nesse segmento. Comecei a estudar incansavelmente e percebi que os grandes fundos focavam, sobretudo, no eixo Rio/São Paulo quando escolhiam onde colocar os seus investimentos. Quando olhávamos para o desenvolvimento residencial, então, aqueles grandes fundos focavam apenas nos grandes incorporadores listados na Bolsa de Valores.

A pergunta que eu me fazia todos os dias parecia simples na minha cabeça: ora, mas por que eles não investiam no restante do mercado imobiliário? Afinal de contas, 85% desse mercado estava espalhado pelo Brasil e nas mãos de pequenos e médios empreendedores regionais. E a resposta foi certeira: "Diego, esses pequenos empreendedores não possuem acesso ao mercado financeiro porque eles não têm processos claros, não possuem balanços auditáveis e toda a governança que um fundo imobiliário precisa para ter transparência nos investimentos".

Tudo bem, eu tinha que admitir que o argumento era consistente. Mas isso não foi o suficiente para mim. Esses empreendedores espalhados pelo Brasil precisavam de recursos e de apoio. E se eles não tinham algo que o mercado financeiro exigia, eu estava determinado a oferecer. E foi assim, no auge dos meus 24 anos (acredite, eu sempre sonhei grande), que decidi deixar São Paulo, voltar para o Centro-oeste do Brasil e abrir a minha própria Gestora de Fundos Imobiliários em Goiânia, Goiás. Muitas pessoas me acharam louco. Mas essa tese fazia tanto sentido, que depois de começar com minha sócia Giovanna Dutra e apenas 4 pessoas no time, somos agora uma empresa consolidada de 14 anos e composta por mais de 600 pessoas, que conquistou muita credibilidade e não para de evoluir.

A gestora TG Core Asset completou 10 anos em 2023 e tem, entre os seus fundos, o TG Ativo Real, conhecido como TGAR11, que é o maior fundo de desenvolvimento imobiliário listado do Brasil. São mais de R$ 3 bilhões sob

FUNDOS IMOBILIÁRIOS | DE UMA FORMA QUE NINGUÉM NUNCA EXPLICOU

gestão e mais de 130.000 cotistas. Ela é uma das empresas que compõem a Trinus.Co, nossa plataforma que une o mercado financeiro e o imobiliário com vários módulos de serviços pautados em tecnologia. E tudo isso é um pequeno resumo dessa jornada incrível. Eu ficaria aqui, por diversas páginas, contando sobre essa história que tenho tanto orgulho.

Mas agora vamos ao ponto. Sabe por que estou te contando sobre isso? A grande mensagem nisso tudo é que eu desejo que você entenda a relevância do mercado de fundos imobiliários e o quanto ele transforma a vida de várias pessoas, do pequeno ao grande empreendedor, até o cliente final que usufrui de um imóvel e conquista o sonho de comprar, muitas vezes, a sua primeira casa própria, o seu lar.

O que você vai encontrar neste livro é um conteúdo de altíssima qualidade que não servirá somente para alavancar o seu conhecimento e os seus objetivos financeiros. Ele é uma porta para que você faça parte dessa transformação, desse impacto real que transforma o país. Isso porque, ao investir em fundos imobiliários, você está investindo em imóveis, em comércio que fomenta empregos, em geração de renda e de postos de trabalho na construção, e até mesmo no acesso à moradia. Ao longo da sua leitura, isso vai ficar cada vez mais claro e fácil de entender.

Você tem em mãos um livro que carrega o diferencial de apresentar, com muita leveza, um assunto que muita gente tem receio de aprender porque acha que não é capaz de compreender tantas palavras difíceis e termos em outras línguas. Mas acredite, você é capaz de saber tudo sobre fundos imobiliários mesmo que neste exato momento você não saiba nada. Esse é justamente o objetivo que te fez chegar aqui. Tenho certeza de que, ao terminar este livro, você já vai estar em um novo nível. Nunca deixe alguém te dizer que investir é só para quem tem muito dinheiro. Esse mercado é para todos, e, portanto, é seu também.

Se você, leitor, é um estudante, um profissional do mercado ou um interessado no tema e que já possui certo conhecimento, este livro também é para você. Seu valor prático também está na oportunidade de ler sobre fundos imobiliários de uma forma didática e detalhada, fazendo com que, ao final da leitura, você também seja capaz de transmitir todo o seu conhecimento com exemplos simples que qualquer pessoa consegue entender. Tornar esse conhecimento acessível também é criar multiplicadores. E garanto que, ao entender o tema de ponta a ponta, você vai se tornar um entusiasta em ensinar qualquer pessoa que tenha oportunidade.

PREFÁCIO

Os fundos imobiliários têm tudo para ser a nova poupança do brasileiro. Ele traz familiaridade, pois adquirir um imóvel como forma de aumentar o patrimônio é algo que faz parte da nossa cultura. Além disso, esse investimento tem segurança justamente pelo seu lastro em imóveis, ou seja, a base de tudo está na solidez do mercado imobiliário. Por fim, essa é uma alternativa que vai te dar um retorno médio muito positivo e, diferente de ter um imóvel em si, você vai estar isento de imposto de renda.

Seja para aprimorar seu conhecimento, para construir uma nova fonte de renda, para avançar nos seus objetivos financeiros ou pensar na sua renda para um futuro confortável, este livro é o melhor conteúdo que você poderia ter a respeito do tema.

É uma honra contribuir com este prefácio. A dedicação do meu colega Lucas Fleury para a elaboração deste conteúdo é admirável, pois seu propósito mais genuíno é que todo esse conhecimento seja acessível a mais pessoas. E nada mais nobre do que um propósito que transforma a jornada de alguém.

Siga em frente, caro leitor, rumo a um novo horizonte para impulsionar seus objetivos, sua segurança e o seu conhecimento para investir.

Tenha uma ótima leitura!

Diego Siqueira
CEO da TG Core Asset e fundador da Trinus CO.

APRESENTAÇÃO

Imagine-se percorrendo um caminho desconhecido, em busca do melhor trajeto para alcançar um destino desejado. Essa é a sensação que muitos experimentam ao mergulhar no mundo dos investimentos pela primeira vez. Mas e se houvesse um mapa, um guia que tornasse essa jornada mais acessível, menos intimidante e, sobretudo, mais agradável? É exatamente esse o propósito desta obra.

Fiz uma pequena anotação no meu celular para não esquecer: "A didática será sempre a principal característica dos meus livros sobre investimentos". Acredito que, ao descomplicar temas relevantes do mercado financeiro, temos a capacidade de transformar a vida de inúmeras pessoas. Afinal, o objetivo principal aqui é auxiliar você a alcançar suas metas de vida, utilizando seus objetivos como peça fundamental na escolha dos investimentos.

E, quando nos deparamos com uma oportunidade de investimento, a pergunta que devemos fazer é: "Que objetivo de vida esse investimento me ajudará a conquistar?"

Assim, se este livro está em suas mãos, e você se fez a pergunta "o que torna este livro diferente de todos os outros no mercado?", a resposta é muito simples: a didática. E não pense que é uma crítica aos demais livros, de maneira alguma. O que quero ressaltar é que este livro foi planejado com muito cuidado para ser facilmente compreendido por qualquer pessoa, independentemente do seu nível de familiaridade com os fundos imobiliários ou o universo dos investimentos em geral.

A didática desta obra se destaca em três características principais. Primeiramente, os conteúdos são apresentados de maneira a realçar os aspectos mais importantes e práticos. Em segundo lugar, a comunicação é clara e acessível, esclarecendo ou contornando termos técnicos ou estrangeiros para assegurar que ninguém fique para trás. Por fim, a abordagem adaptativa introduz os temas de uma forma que facilita o entendimento para todos, dos mais jovens aos idosos, dos mais iniciantes até os investidores mais experientes.

O que me motivou a escrever este livro foi a firme convicção de que o entendimento do tema pode transformar a sua vida. Assim, cada obstáculo superado neste percurso será recompensado por uma crescente sensação de segurança e liberdade.

Convido você a embarcar nesta jornada comigo, colocando o medo e a hesitação de lado e deixando-se tomar pela curiosidade, peça fundamental para o nosso aprendizado.

Antes de começarmos nossa caminhada, quero destacar um ponto importante sobre o tema central deste livro. O termo "fundos imobiliários" não foi escolhido por acaso. São chamados de "fundos" porque representam a reunião de recursos financeiros que vieram de várias pessoas, algo similar a uma conta bancária onde todos depositam dinheiro.

Esses recursos são direcionados para investimentos no mercado imobiliário. Explicaremos esse conceito de maneira mais detalhada ao longo do livro, portanto, não há necessidade de preocupações neste momento. É hora de começar.

O Autor
Instagram: @lucasffleury

SUMÁRIO

PREFÁCIO 7

APRESENTAÇÃO 11

1   O QUE SÃO FUNDOS IMOBILIÁRIOS? 15

2   QUAIS SÃO AS VANTAGENS E AS DESVANTAGENS? 29

3   COMO AVALIAR UM FUNDO IMOBILIÁRIO? 49

4   QUAIS SÃO OS RISCOS E AS REFLEXÕES? 63

5   COMO DAR O PRIMEIRO PASSO? 83

CONSIDERAÇÕES FINAIS 109

REFERÊNCIAS BIBLIOGRÁFICAS 111

CAPÍTULO 1

O QUE SÃO FUNDOS IMOBILIÁRIOS?

No auge de seus 32 anos, André, um engenheiro civil de talento e visão, desfrutava de um ritmo tranquilo de vida graças ao seu posto em uma renomada construtora, onde angariava um generoso salário de R$ 9.600,00 mensais. Na virada de 2013, um artigo sobre fundos imobiliários capturou sua atenção. Enquanto luzes festivas e risos preenchiam os lares ao redor, ele descobria o fascinante mundo dos fundos imobiliários. Encantado, e após horas a fio de pesquisa, ele realizou o seu primeiro investimento no fundo FIPP11, dando início a uma nova jornada.

Ele decidiu destinar 20% de seu salário para comprar cotas mensalmente, cada uma custando cerca de R$ 90,00. Ele tinha em mente que se tratava de um investimento de longo prazo e estava disposto a ser paciente. As recompensas iniciais foram modestas. André obteve apenas R$ 50,40 em dividendos mensais no final do terceiro mês. Muitos de seus amigos e familiares não conseguiam entender, e alguns riram dele por investir tanto tempo e dinheiro para tao pouco retorno.

Apesar disso, André não se abalou. Ele reinvestiu esses dividendos, comprando mais cotas e, lentamente, a renda passiva começou a crescer. O poder dos juros compostos estava trabalhando a seu favor. Ao longo dos anos, ele continuou a investir diligentemente, aumentando sua participação nos fundos imobiliários e, sempre que conseguia, também aumentava a porcentagem de seu salário destinada aos investimentos. A renda proveniente dos dividendos foi reinvestida, e ele viu sua renda passiva aumentar gradualmente, mês a mês, ano a ano.

Com disciplina e dedicação, ele continuou investindo e reinvestindo, presenciando a ascensão de sua renda passiva. André passou a desfrutar de um fluxo financeiro mensal constante. Avançando para 2023, encontramos André começando a colher os frutos de sua paciência e diligência. Hoje, ele recebe cerca de R$ 4.600,00 mensalmente, uma renda passiva que não requer seu esforço físico diário. Para alguns, este valor pode parecer pequeno, mas, para André, isso representou uma transformação.

A renda passiva, ao contrário do salário, não exige trabalho ativo. É um tipo de renda que você recebe regularmente, sem ter que trabalhar diariamente. André aprendeu a converter seu capital humano (trabalho) em capital financeiro (renda passiva), fazendo o dinheiro trabalhar a seu favor.

No começo, os retornos dos fundos imobiliários mal cobriam uma conta de luz. No entanto, à medida que seus investimentos cresciam, André começou a notar que podia pagar suas contas de água, luz e internet apenas com esses retornos. Foi uma sensação de independência que ele nunca tinha experimentado antes. Depois, suas contas do apartamento. Aos poucos, André percebeu que seus investimentos estavam garantindo a cobertura de todos os seus custos de vida.

Essa narrativa vai além da trajetória de um homem com seus investimentos. É sobre como o conhecimento e a paciência podem redefinir a vida de alguém. André não apenas fez um investimento modesto mensal, ele transformou esse comprometimento em sua principal fonte de sustento. Sua história é um lembrete poderoso de que, com paciência, disciplina e visão de longo prazo, podemos moldar um futuro financeiro mais próspero.

Os Fundos Imobiliários

Investir em fundos imobiliários é, em essência, investir em imóveis. A dinâmica é a mesma. O que distingue o investimento direto em imóveis do investimento indireto por meio de fundos imobiliários são as características intrínsecas de cada mercado: o mercado financeiro e o mercado imobiliário.

Debater qual é melhor, fundos imobiliários ou imóveis, na minha opinião, não é produtivo. As abordagens são distintas e a comparação seria semelhante a questionar: o que é melhor para a saúde, beber água ou fazer exercícios físicos? Tanto a água quanto os exercícios físicos têm suas peculiaridades e são complementares na manutenção de uma boa saúde.

Os fundos imobiliários se destacam pela sua acessibilidade – exigem um investimento inicial bem menor se comparado à aquisição direta de

CAPÍTULO 1 O QUE SÃO FUNDOS IMOBILIÁRIOS?

um imóvel – e pela oportunidade que oferecem de gerar uma renda mensal (dividendos) de forma mais descomplicada e isenta do imposto de renda. Esses dividendos podem complementar o seu salário, por exemplo, ou até mesmo se tornar uma fonte de renda para a aposentadoria.

Além disso, uma característica essencial dos Fundos de Investimento Imobiliário (FIIs) é a sua obrigatoriedade de distribuir uma grande parte dos seus lucros aos investidores. De acordo com a legislação brasileira, nesta data, os FIIs devem distribuir no mínimo 95% dos rendimentos obtidos a cada semestre na forma de dividendos. Essa obrigatoriedade é uma vantagem para os investidores, pois proporciona uma fonte regular de renda passiva.

Mas o que são os fundos imobiliários e como eles funcionam?

Os FIIs são como uma espécie de "conta bancária" gerenciada por especialistas que têm a tarefa de usar o dinheiro dessa "conta bancária" para fazer compras no mercado imobiliário. Mas o que eles podem comprar com esse dinheiro?

No "carrinho de compras" desses especialistas, você pode encontrar imóveis físicos, como prédios de escritórios, galpões logísticos, agências bancárias, shoppings. Eles também podem direcionar o dinheiro para o desenvolvimento de empreendimentos imobiliários, tais como loteamentos e prédios, além de investir em "promessas de pagamento" ligadas a imóveis, ou seja, Certificados de Recebíveis Imobiliários (CRIs) e Letras de Crédito Imobiliário (LCIs). Estas opções representam, basicamente, formas de emprestar dinheiro com a garantia de que este será devolvido acrescido de juros.

O CRI é um tipo de título de crédito. E o que é um título de crédito? Bem, pense nele como uma promessa formal de pagamento. Se alguém te deve dinheiro e te dá um papel dizendo: "Eu vou te pagar R$ 100,00 no dia 31/12 deste ano", esse papel é, essencialmente, um título de crédito.

O CRI é uma promessa de pagamento ligada a algum tipo de negócio imobiliário. Por exemplo, uma empresa de construção que vendeu apartamentos na planta pode usar o dinheiro que vai receber dos compradores para emitir um CRI. Quem compra esses CRIs está, de certa forma, "adiantando" o dinheiro para a empresa de construção. Em troca, essa empresa se compromete a pagar de volta no futuro, com juros. Assim, quando fundos imobiliários compram esses CRIs, eles estão investindo no negócio imobiliário. E os juros que eles recebem em retorno são distribuídos aos investidores do fundo (cotistas) na forma de dividendos, tornando-se uma fonte de renda.

A LCI é similar ao CRI, mas quem vende a LCI é um banco e não uma empresa do mercado imobiliário – que, no caso dos CRIs, é uma securtizadora. O banco usa o dinheiro que consegue com a venda das LCIs para financiar empréstimos imobiliários. Da mesma forma, quando um fundo imobiliário compra uma LCI, ele está emprestando dinheiro ao banco e, em troca, receberá esse dinheiro de volta no futuro, com juros.

Em resumo

1) Alguns fundos imobiliários compram CRIs porque é uma forma de investir no mercado imobiliário com empresas que têm expertise no desenvolvimento imobiliário; e

2) Ao investir em CRIs, os fundos imobiliários emprestam dinheiro para negócios imobiliários e, em troca, recebem juros – que, depois, são distribuídos para os cotistas do fundo como dividendos.

Com o entendimento já estabelecido sobre CRIs e LCIs, podemos avançar para um conceito mais específico: os "Fundos de Papel". E o que seriam eles? Você já sabe, apenas não se deu conta ainda. De maneira simples, os fundos de papel são fundos imobiliários que direcionam seus investimentos para CRIs e LCIs, ou seja, são fundos que investem em "promessas formais de pagamento" que estão ligadas ao setor imobiliário, esperando receber um retorno financeiro futuro que engloba tanto o valor emprestado quanto os juros acordados.

Nesse ponto, é importante fazer uma observação: mesmo que os "Fundos de Papel" invistam em títulos de renda fixa (como CRIs e LCIs), eles são, paradoxalmente, considerados ativos de renda variável. Para entender isso, precisamos esclarecer a diferença entre renda fixa e renda variável.

Na renda fixa, você tem uma previsibilidade (algo que torna esse investimento mais seguro), sabendo desde o início qual será o retorno do seu investimento, ou seja, os juros. Existem dois principais tipos de investimentos de renda fixa: os pós-fixados e os prefixados. Vou resumir para vocês:

Prefixados: quando você investe em um título prefixado, você sabe exatamente quanto receberá no final do prazo do investimento – previsibilidade! O retorno do investimento é "prefixado" porque o valor que você receberá já foi definido no início, desde que você não venda seu título antes do vencimento. Exemplo: uma LCI com um retorno de 12% ao ano.

Pós-fixados: esses investimentos têm sua rentabilidade atrelada a um indicador, que pode ser a taxa Selic, o CDI, IPCA, entre outros – previsibilidade! Então, ao invés de saber exatamente quanto você vai receber no final, você sabe a "fórmula" que será usada para calcular o retorno. Exemplo: uma LCI com um retorno de 100% do CDI – se o CDI do ano foi de 12%, você sabe quanto vai receber.

Já na renda variável, o retorno é incerto, podendo variar de acordo com as condições do mercado. Ao contrário da renda fixa, na renda variável, você não tem a garantia de quanto dinheiro vai receber ao final do investimento, e o valor pode até mesmo ser menor do que o investido inicialmente.

Essa incerteza existe porque os investimentos de renda variável são influenciados por uma série de fatores que podem alterar seu valor. Por exemplo, as ações de uma empresa na Bolsa de Valores podem variar de acordo com o desempenho da própria empresa, a situação econômica do país, as notícias que afetam a percepção dos investidores sobre a empresa, entre muitos outros fatores.

Entender a volatilidade da renda variável e o modo como ela se aplica aos fundos imobiliários é fundamental para a gestão do seu portfólio de investimentos. Nesse contexto, é importante esclarecer que, apesar da classificação dos FIIs como ativos de renda variável, eles geralmente têm menos volatilidade se comparados a outras formas de investimentos de renda variável, como ações.

Isto se dá principalmente por conta da forma como os fundos geram renda – por meio de negócios imobiliários, ou seja, negócios que têm sempre imóveis como garantia, o que costuma gerar muito mais estabilidade.

Agora que entendemos a natureza variável dos FIIs, vamos falar sobre quem gerencia esses investimentos e por que isso é importante. Diferentemente do que acontece no investimento direto em ações, os fundos imobiliários são geridos por profissionais que têm a responsabilidade de zelar pelos investimentos imobiliários realizados e monitorá-los nesse sentido, os fundos imobiliários seriam mais similares aos fundos de ações, com a diferença de oscilarem menos em razão de serem negócios imobiliários e não empresas (algo muito mais complexo).

Essa gestão dos fundos imobiliários é comparável à administração de um condomínio residencial. Assim como um síndico zela pelo bom funcionamento e pela manutenção do condomínio, em um fundo imobiliário, o dinheiro dos investidores é administrado e gerido por profissionais especializados.

No caso de um FII, a gestora é a empresa responsável pela gestão de todo o patrimônio do fundo (a "conta bancária") e por selecionar os melhores negócios imobiliários para investimento. A gestora é que tem autoridade para tomar as decisões importantes para a saúde financeira do fundo, garantindo aos cotistas uma remuneração de acordo com a quantidade de cotas que possuem.

Nos FIIs, é possível comprar uma ou mais cotas, permitindo assim o investimento no mercado imobiliário sem a necessidade de adquirir um imóvel integralmente. Cada cota representa uma fração do patrimônio total do fundo, e o dinheiro arrecadado é aplicado em negócios imobiliários.

Quando você compra cotas de um FII, a transação ocorre entre você e outro investidor, não diretamente com o fundo. Portanto, operações de compra e venda de cotas não impactam o patrimônio do fundo. O que determina o valor do patrimônio do fundo são os ativos imobiliários que o compõem.

Pense em um fundo imobiliário como um edifício residencial. Quando o prédio é construído (o fundo é criado), há um número limitado de apartamentos (ou cotas). Esses apartamentos são vendidos para os primeiros compradores (investidores iniciais que compram o apartamento na planta – oferta inicial de cotas) por um preço determinado pela construtora ou incorporadora.

Depois que todos os apartamentos são vendidos (o fundo é fechado), não é possível criar mais apartamentos no prédio existente (ou seja, o número de cotas é limitado). No entanto, se o proprietário de um dos apartamentos optar por vender sua unidade (ou seja, sua cota), outra pessoa terá a oportunidade de adquiri-la.

Dessa forma, a compra e venda de cotas acontece entre investidores no que chamamos de "mercado secundário" – que é aquele mercado de compra e venda após a oferta inicial das cotas (chamado de mercado primário), ou seja, compras e vendas que ocorrem na Bolsa de Valores, onde os FIIs são negociados. Então, mesmo que um FII seja 'fechado' e não emita novas cotas, qualquer pessoa pode entrar ou sair do fundo ao comprar ou vender cotas na Bolsa de Valores.

Vamos a três exemplos

1) Imagine que temos um fundo que conseguiu juntar R$ 100 milhões para comprar um prédio comercial. O fundo vendeu 1 milhão de cotas por R$ 100,00 cada uma para arrecadar esse dinheiro. Se um investidor

CAPÍTULO 1 O QUE SÃO FUNDOS IMOBILIÁRIOS?

comprou 2.000 cotas, ele investiu um total de R$ 200 mil reais (2.000 cotas x R$ 100,00 por cota).

2) Agora, qual é a participação desse investidor no fundo? Bem, ele comprou 2.000 das 1 milhão de cotas totais, então ele possui 0,2% do fundo (2.000 ÷ 1 milhão). Isso significa que ele tem direito a 0,2% dos lucros que o fundo fizer com o prédio comercial após a dedução das despesas.

E quanto mais cotas o investidor comprar, maior será sua participação no fundo e mais ele vai ganhar com os lucros do fundo.

Mas, como explicamos, você não precisa comprar cotas logo no começo para investir num fundo imobiliário, já que, depois que o fundo é criado e o prédio é comprado, as cotas do fundo são vendidas na Bolsa de Valores.

Então, você pode comprar cotas de um fundo já existente, que já tenha vários prédios, galpões logísticos, shoppings etc., e já esteja gerando receita de forma estável há muitos anos. Isso permite que você invista em prédios que já tenham histórico comprovado de bom rendimento.

3) Suponha que você queira investir em um prédio comercial, mas não tem capital suficiente para comprá-lo inteiramente. Nesse caso, você pode adquirir cotas de um FII que tenha esse prédio em seu portfólio de investimentos. Assim, você terá direito a uma parte dos rendimentos desse prédio e a possíveis ganhos com a valorização das cotas.

Se o fundo distribuir R$ 2,00 de dividendo por cota em um determinado mês e você tiver 100 cotas, você receberá R$ 200,00. No entanto, para um FII iniciar suas operações, é necessário um processo de captação inicial de recursos, conhecido como Oferta Pública Inicial (IPO, na sigla em inglês).

Nessa oferta, o fundo emite um número determinado de cotas que são vendidas a investidores. O dinheiro arrecadado é utilizado para investir no mercado imobiliário e formar o patrimônio do fundo. A partir de então, as cotas são negociadas na Bolsa de Valores, onde podem ser compradas e vendidas entre investidores.

Esse processo de captação de recursos é como se o fundo convidasse o público a depositar dinheiro em uma "conta bancária" por meio da do IPO. O dinheiro arrecadado pelo fundo é então usado para fazer compras no mercado imobiliário (como CRIs, LCIs, e outros negócios imobiliários), formando o patrimônio do fundo. A partir daí, as cotas passam a ser negociadas na Bolsa de Valores, podendo ser compradas e vendidas entre os investidores.

No IPO, temos como exemplo o fundo imobiliário RBR Alpha Multiestratégia Imobiliário ("RBRF11"), que estreou na B3 (Bolsa de Valores) em setembro de 2017.

Você sabe o que é esse código "RBRF11"?

> *Esse código é o que chamamos de "ticker". É a identificação de um fundo imobiliário na Bolsa de Valores. Ele é composto por quatro letras seguidas do número 11, que é o segmento de mercado onde os fundos imobiliários são negociados.*

Se você é cotista, ganha dinheiro de duas maneiras. Primeiro, você recebe parte do dinheiro da receita dos negócios imobiliários do fundo. Isso significa que, sempre que o fundo ganha dinheiro com seus ativos imobiliários (como aluguéis ou juros de um CRI), você recebe uma parte dele. A quantidade que você recebe depende de quantas cotas você possui – quanto mais cotas, maior a sua parte.

Essa é uma estratégia de renda, ou seja, cumpre o objetivo de gerar renda passiva mensal, que é aquela que independe do seu trabalho. Nesse caso, o investidor está preocupado com a estabilidade e segurança no recebimento da renda, e não se as cotas vão subir ou cair em virtude de notícias ou eventos macroeconômicos.

A segunda maneira de ganhar dinheiro como cotista é por meio da valorização das cotas – não só pela valorização dos imóveis, mas também pela demanda do mercado, por expectativas futuras de crescimento, entre outros fatores. Assim como as ações, o preço das cotas de um fundo imobiliário pode subir. Isso acontece principalmente em duas situações: quando os imóveis do fundo se valorizam ou quando há mais pessoas querendo comprar cotas do que vender. Então, se você vender suas cotas por um preço maior do que pagou, terá um lucro.

Essa é uma estratégia de ganho patrimonial, ou seja, tem como objetivo aumentar o seu patrimônio por meio da valorização das cotas. Diferentemente da estratégia de renda, neste caso, o investidor está também preocupado com a potencial valorização das cotas do fundo no longo prazo, em vez de recebimento de rendimentos mensais.

Isso não significa, no entanto, que os investidores de ganho patrimonial não recebam rendimentos mensais – eles ainda recebem sua parte da receita

CAPÍTULO 1   O QUE SÃO FUNDOS IMOBILIÁRIOS?

dos negócios imobiliários do fundo. No entanto, a diferença principal aqui é o foco em uma valorização significativa das cotas no futuro.

Essas duas estratégias – renda e ganho patrimonial – não são mutuamente exclusivas – na verdade, podem ser complementares – e muitos investidores procuram um equilíbrio entre elas. A estratégia que você escolhe depende de seus objetivos financeiros e de seu apetite ao risco.

No meu entendimento, os fundos imobiliários são uma excelente escolha para quem deseja adotar a estratégia de renda, porque eles oferecem uma fonte de renda passiva constante por meio da distribuição mensal de dividendos, o que pode se encaixar bem com as despesas de vida regulares dos investidores.

Além disso, o setor imobiliário é tradicionalmente visto como um investimento sólido e resistente a crises econômicas, o que pode adicionar uma camada de segurança à sua carteira. Portanto, para investidores que procuram uma forma de gerar renda passiva de forma estável e com vantagens fiscais, os fundos imobiliários podem ser uma ótima escolha.

Após a realização da IPO, o FII pode optar por fazer novas ofertas públicas para captar mais dinheiro e expandir seu patrimônio. Essas ofertas são conhecidas como *follow-ons* e podem ser utilizadas para a compra de novos ativos imobiliários ou para realização de obras de reforma e manutenção em imóveis já existentes na carteira do fundo. Por exemplo, um fundo imobiliário que tenha em sua carteira um shopping pode realizar uma captação de recursos posterior (*follow-on*) com o objetivo de expandir o empreendimento, adicionando novas lojas ou ampliando a área de lazer atual.

Dessa forma, o fundo pode aumentar seu potencial de geração de renda e a valorização de suas cotas.

Para ajudar nessa tarefa de identificação dos fundos e suas características, atualmente, existem plataformas onde podemos encontrar uma série de informações sobre FIIs. No entanto, vale ressaltar que os gestores publicam as informações dos fundos no *site* da própria gestora e na Comissão de Valores Mobiliários (CVM). As plataformas centralizam as informações em um único local, tornando mais prática a vida dos investidores.

Além disso, elas simplificam o monitoramento da consolidação de dados e da divulgação mensal de relatórios gerenciais das gestoras, bem como outras informações relevantes. Algumas dessas ferramentas são pagas, mas também existem excelentes opções gratuitas que podem ser muito úteis, especialmente para aqueles que estão começando a investir.

Tenho certeza de que essas ferramentas podem ajudá-lo a entender melhor alguns conceitos que, inicialmente, podem parecer mais complexos do que realmente são. A experiência mostra que a prática é a melhor maneira de compreender assuntos que parecem "complicados". Segue abaixo uma lista de algumas dessas plataformas:

- **Status Invest: https://statusinvest.com.br/fundos-imobiliarios**

    Plataforma gratuita que fornece uma visão detalhada do mercado de fundos imobiliários, incluindo gráficos de desempenho, dados financeiros e informações sobre o fundo.

- **Funds Explorer: https://www.fundsexplorer.com.br/**

    Plataforma rica em dados para pesquisar fundos imobiliários. Ela fornece recursos como filtros avançados, gráficos de desempenho e comparações entre diferentes fundos.

- **Investidor 10: https://investidor10.com.br/**

    Plataforma com uma ampla gama de recursos e ferramentas financeiras, incluindo informações e dados relevantes sobre fundos imobiliários.

- **FIIs: https://fiis.com.br/**

    Plataforma inteira exclusivamente dedicada a fornecer informações atualizadas e precisas sobre o mercado de fundos imobiliários no Brasil.

Democratização

Como acabamos de ver, os fundos imobiliários são investimentos atrativos para quem busca gerar renda passiva (renda que independe do seu trabalho), pois oferecem rendimentos constantes (mensais). Eles são uma excelente ferramenta para quem quer complementar a renda, ter uma fonte de renda na aposentadoria ou até alcançar a independência financeira.

> Uma grande vantagem dos FIIs é que eles permitem que qualquer investidor vire sócio de grandes empreendimentos imobiliários, mesmo investindo valores baixos – um investimento muito acessível.

Ao contrário do investimento direto em imóveis, os FIIs democratizam o acesso a grandes negócios imobiliários, permitindo que mais pessoas possam se beneficiar da segurança e atratividade do mercado imobiliário.

Um exemplo é o fundo imobiliário ALZR11, que possui galpões logísticos adquiridos por valores muito elevados. Todavia, por meio do fundo, é possível investir em uma pequena fração desses empreendimentos. Em outras palavras, o que estou dizendo é que você pode se tornar "sócio" de imóveis que valem mais de R$ 100 milhões por um valor próximo a R$ 100,00 e já começar a receber aluguéis (dividendos) todos os meses. Contudo, lembre-se que existe uma diferença entre ser sócio e dono. Como cotista, você não terá direito à posse ou propriedade dos imóveis investidos pelo fundo.

Diante das diferentes possibilidades de investimento em fundos imobiliários, é essencial que você compreenda as características de cada tipo de FII para tomar as melhores decisões:

- **Fundos Imobiliários de Tijolo:** são assim chamados porque investem em imóveis físicos, comprando diretamente galpões logísticos, prédios comerciais ou residenciais, shopping centers, hospitais, universidades etc. Geram renda por meio de aluguel e/ou venda posterior dos imóveis.

- **Fundos Imobiliários de Papel:** são assim chamados porque investem em títulos de dívida do setor imobiliário, como os CRIs e as LCIs. Geram renda por meio de juros e correção monetária.

- **Fundos Imobiliários de Desenvolvimento:** são assim chamados porque investem em empreendimentos em fase de desenvolvimento ou construção, como loteamentos residenciais, condomínios fechados de casas ou sobrados prontos, prédios residenciais e comerciais, imóveis industriais,

FUNDOS IMOBILIÁRIOS | DE UMA FORMA QUE NINGUÉM NUNCA EXPLICOU

entre outros. Geram renda com a venda dos imóveis (ganho de capital) e com a manutenção dos imóveis para posterior aluguel (renda).

- **Fundos Imobiliários de Fundos:** são assim chamados porque investem na aquisição de cotas de outros fundos imobiliários, sendo uma forma de potencializar a diversificação do investimento. A renda é gerada a partir dos rendimentos dos fundos investidos.

- **Fundos Imobiliários Híbridos:** são assim chamados porque investem em uma combinação de imóveis físicos e títulos de dívida do setor imobiliário. Geram renda de mais de uma forma.

Assim como em qualquer tipo de investimento, a escolha do fundo imobiliário deve estar alinhada ao seu perfil de investidor, aos seus objetivos financeiros, à sua tolerância ao risco e ao seu horizonte de investimento. Em resumo, os FIIs surgem como uma alternativa eficaz e democrática para investir no mercado imobiliário.

Além disso, ao oferecer diferentes tipos de fundos, o investimento em FIIs proporciona a diversificação da sua carteira de investimentos. Portanto, independentemente do seu objetivo – seja ele complementar a renda, obter uma fonte de renda na aposentadoria ou buscar a independência financeira – os fundos imobiliários podem constituir uma opção relevante a ser considerada.

Chegando ao final deste capítulo, gostaria de deixar com vocês o meu conceito pessoal sobre o que é um fundo de investimento imobiliário:

> Um fundo imobiliário é um tipo de investimento de renda variável no qual um grupo de investidores (cotistas) reúne recursos para adquirir participações em negócios imobiliários. O objetivo principal é gerar renda passiva e, eventualmente, ganhar com a valorização das suas cotas.

Cada tipo de fundo imobiliário que discutimos tem suas características e estratégias próprias, mas todos compartilham esse objetivo central. Assim, independentemente do tipo de fundo escolhido para investir, o investidor está sempre buscando um retorno por meio do mercado imobiliário.

Como vimos, os fundos imobiliários desempenham um papel significativo na democratização do acesso ao mercado imobiliário. Ao permitir que os investidores adquiram cotas de um portfólio diversificado de imóveis por uma pequena fração do custo de aquisição direta de um imóvel, os FIIs eliminam uma das principais barreiras à entrada neste mercado: a necessidade de muito capital.

CAPÍTULO 1 O QUE SÃO FUNDOS IMOBILIÁRIOS?

Enquanto escrevo este livro, o fundo imobiliário HGLG11 anunciou a venda de um dos imóveis do fundo pelo valor de R$ 77 milhões. A venda gerou um lucro de R$ 27 milhões para os cotistas (R$ 1,16 por cota).

Quantas pessoas poderiam comprar esse imóvel como investimento? Pouquíssimas! Mas pequenos investidores conseguiram comprar e usufruir de um imóvel de R$ 77 milhões. Portanto, os FIIs tornam o investimento em imóveis mais acessível, flexível e atraente para uma gama maior de investidores.

Espero que este capítulo tenha contribuído para uma compreensão preliminar dos fundamentos dos fundos imobiliários e que você se sinta mais confiante para seguirmos adiante nesta jornada. No próximo capítulo, vamos conversar mais sobre as diferenças entre os imóveis e os fundos imobiliários.

Exercício Prático: compreender os diferentes tipos de fundos imobiliários, suas características, estratégias e formas de geração de renda.

Instruções:

- Escolha três fundos de investimento imobiliário listados na Bolsa de Valores (B3). Tente selecionar fundos de diferentes categorias para obter uma visão mais ampla.

- Utilize as ferramentas (*sites* e plataformas) mencionadas no capítulo para pesquisar os seguintes aspectos de cada fundo:

  - Qual é o objetivo e a estratégia do fundo?
  - Quais são os principais ativos do fundo (edifícios comerciais, shoppings, galpões logísticos, LCIs, CRIs etc.)?
  - Como o fundo gera renda para seus cotistas? É por meio de aluguel, valorização dos imóveis ou ambos?
  - Quem gere o fundo? Como tem sido o desempenho nos últimos anos? O que você encontra quando busca pelo nome do gestor na internet?
  - Quais são os principais riscos envolvidos no investimento deste fundo?
  - Quais são as taxas de administração, gestão e performance? Existem outras despesas que devem ser consideradas?
  - Crie uma tabela comparando os três fundos nas categorias pesquisadas.
  - Identifique semelhanças e diferenças que possam ser relevantes para um investidor.

Reflexão Pessoal:

- Com base na sua pesquisa, você investiria em algum desses fundos? Por quê?

- Como você aplicaria esse conhecimento em sua jornada de investimento real?

Mantenha um olhar crítico e questione as informações, não apenas colete-as. Esse exercício ajudará você a entender como analisar e comparar diferentes fundos imobiliários. A prática de avaliar características, riscos e potencial de renda de cada fundo irá fornecer uma base sólida para tomar decisões informadas como investidor. A habilidade de pensar de forma crítica sobre essas escolhas é fundamental.

CAPÍTULO 2

QUAIS SÃO AS VANTAGENS E AS DESVANTAGENS?

Laura sempre soube que o caminho da advocacia não seria fácil. Após anos de estudo árduo, noites maldormidas e cafezinhos para se manter acordada, ela conseguiu um emprego em um renomado escritório de advocacia. A segurança do salário fixo, as parcerias e os desafios jurídicos diários pareciam prenunciar uma carreira de sucesso e estabilidade.

No entanto, a vida nunca é uma linha reta até os nossos objetivos. Um dia, Laura foi desligada do escritório. O choque, a sensação de vazio e a dúvida sobre sua competência começaram a corroer sua autoestima. Mas o que para muitos seria motivo de desespero, para Laura, tornou-se uma grande oportunidade de enxergar a vida com outros olhos.

Aquela demissão, embora dolorosa, fez com que ela reconsiderasse sua trajetória profissional. Foi nesse momento de introspecção que ela decidiu abrir o seu próprio escritório – um espaço alugado modesto, em um centro jurídico com salas comerciais, mas repleto de aspirações e sonhos.

Os primeiros anos de seu novo empreendimento foram desafiadores. Sem a segurança de um salário fixo e com poucos clientes recorrentes, Laura enfrentou a volatilidade financeira de viver dos casos que conseguia ganhar. Algumas vezes, sentia-se desanimada por não ter mais clientes e, muitas vezes, dormia em sua cadeira no escritório. A instabilidade, que antes era estranha a ela, tornou-se uma sombra constante, fazendo o sonho de um futuro financeiramente estável parecer distante.

FUNDOS IMOBILIÁRIOS | DE UMA FORMA QUE NINGUÉM NUNCA EXPLICOU

O conceito de aposentadoria, que outrora parecia garantido, também se tornou uma miragem. Laura sabia que precisava fazer algo, não apenas para si, mas também para garantir um futuro para sua família. Foi nessa busca que os fundos imobiliários surgiram em seu caminho. Uma conversa casual com um amigo do mercado financeiro foi a porta de entrada.

Inicialmente cética, a ideia de investir em imóveis sem ter que administrá-los diretamente despertou sua curiosidade. Na medida em que ela se aprofundava no tema, começou a enxergar os FIIs como uma solução para complementar sua renda. Com determinação, ela realizou seu primeiro aporte com parte dos recursos que tinha guardado e deu seu primeiro passo no mundo dos investimentos.

A regularidade dos seus aportes tornou-se a âncora do seu planejamento financeiro, permitindo que Laura tivesse um caminho bem definido à frente, podendo investir em seu crescimento profissional e viver com menos estresse. E a aposentadoria, antes distante, tornou-se uma meta alcançável.

Os resultados não foram imediatos, mas, gradualmente, ela sentiu uma diferença tangível em sua vida financeira. Os rendimentos dos FIIs proporcionavam um fluxo mensal, estabilizando sua renda inconstante. A nova fonte de recursos permitiu que Laura planejasse seu futuro com mais segurança e confiança.

Ainda que a jornada na advocacia tenha seus obstáculos, o poder dos FIIs trouxe um novo ânimo à vida de Laura. Eles não apenas permitiram a estabilidade financeira, mas também reacenderam sua paixão pela advocacia. Assim, Laura continuou sua jornada com renovada determinação, construindo uma ponte para um futuro mais seguro.

Métricas

Como vimos no capítulo anterior, o investimento em fundos imobiliários destaca-se como um dos métodos mais eficazes na criação de uma fonte de renda constante e estável. Quando comparamos com outros instrumentos financeiros, torna-se notoriamente difícil encontrar um ativo que ofereça rendimentos com uma frequência comparável e que detenha um *Dividend Yield* – forma de medir quanto do valor do investimento retorna para o investidor na forma de rendimentos (calma, nós vamos entender isso melhor a seguir!) – tão atrativo.

Logo, torna-se evidente que os fundos imobiliários são uma opção de investimento interessante para aqueles em busca de um complemento para a renda atual ou uma fonte de renda para sustentar a vida na aposentadoria.

Pense comigo: se você optar pelo investimento direto em um imóvel, certamente receberá uma renda de aluguel todo mês. No entanto, essa renda, frequentemente, não será suficiente para adquirir novos imóveis ou gerar uma renda sustentável, caso o imóvel fique desocupado. Além de ficar sem a renda, poderá ter gastos com a manutenção do imóvel (iptu, água, luz, reformas etc.). Nesse contexto, o potencial para aproveitar o poderoso "efeito dos juros compostos" por meio do reinvestimento imediato dos rendimentos é algo que merece um destaque especial.

Mesmo se seus primeiros rendimentos com fundos imobiliários forem modestos, digamos, R$ 50,00 por mês, você ainda pode usar esse valor para comprar mais cotas de outros fundos. Dessa maneira, você não só está diversificando seus investimentos, como também está aproveitando o incrível efeito multiplicador dos juros compostos, no qual seus lucros geram mais lucros.

Nesse sentido, cada cota adicional que você adquire com seus rendimentos acaba, por si só, gerando mais rendimentos. E assim, mês após mês, seu investimento tem a possibilidade de crescer de maneira contínua e consistente.

Neste capítulo, vamos explorar juntos as principais diferenças entre os Fundos de Investimento Imobiliário (FIIs) e o investimento direto em imóveis físicos. O foco será entender as peculiaridades de cada opção, considerando aspectos como rendimento, gestão, tributação, diversificação e liquidez. Dominando esses conceitos, você estará mais capacitado para tomar decisões de investimento alinhadas com seus objetivos financeiros.

Os Fundos Imobiliários (FIIs)

Os FIIs apresentam uma série de vantagens que os destacam como opção de investimento. Por exemplo, eles normalmente distribuem rendimentos mensais – ou dividendos – aos investidores. Isso é possível graças à isenção fiscal concedida aos fundos que têm mais de 50 cotistas e nos quais nenhum investidor tem mais de 10% do total das cotas, de acordo com a legislação vigente no momento do desenvolvimento deste livro (a Medida Provisória nº 1.184/2023, se aprovada, pode alterar essas regras para a isenção, como o número mínimo de cotistas, mas a isenção foi preservada)[1]. Felizmente, a maioria dos FIIs atende a esses requisitos, o que os torna altamente atrativos para os investidores que buscam renda passiva.

Além disso, outra vantagem dos FIIs é a diversificação dos investimentos, já que eles permitem ao investidor ter acesso a uma carteira de imóveis variada, com diferentes perfis de risco e retorno, sem a necessidade de adquirir cada um deles individualmente. A diversificação é uma estratégia-chave em qualquer portfólio de investimentos.

Uma pausa para entender o que é um "portfólio de investimentos"

Sua cesta de frutas...

Faça uma pausa e imagine seu portfólio de investimentos como uma cesta de frutas variadas, na qual cada fruta desempenha um papel especial em sua "dieta financeira". Em vez de maçãs, peras ou bananas, você tem dentro dessa cesta diferentes tipos de investimentos: ações de empresas, títulos do governo, fundos imobiliários, e assim por diante. Cada "fruta" ou investimento na sua cesta tem um valor nutritivo único – suas próprias características de retorno, risco e tempo de maturação.

Algumas são doces e recompensadoras, mas talvez um pouco arriscadas, como ações de uma empresa de tecnologia ainda em estágio inicial. Outras podem ser mais seguras e suaves, como um título do governo ou de um grande banco, oferecendo uma base sólida e confiável para sua cesta.

Ter uma cesta diversificada, cheia de diferentes "frutas" de investimento, é como ter uma dieta equilibrada. Se um "fruto" (ou investimento) não está indo tão bem, talvez porque está fora de temporada ou enfrenta desafios no mercado, os outros podem compensar, mantendo a nutrição global da sua cesta. O amargo de uma fruta ruim pode ser equilibrado pela doçura de outra, e uma fruta mais ácida pode acrescentar um sabor agradável que enriquece o conjunto.

Assim, a beleza do portfólio de investimentos não está apenas na diversidade, mas na maneira como esses elementos distintos interagem e se complementam, como numa salada de frutas cuidadosamente preparada. Cada "fruta" ou investimento trabalha em harmonia com os outros,

---

1   Para mais informações, sugere-se acompanhar a coluna do autor, disponível em: https://br.investing.com/members/contributors/250518759/opinion.

permitindo que você mantenha uma saúde financeira robusta e equilibrada, sem depender demais de uma única "fruta".

Um dos principais segredos está em escolher e combinar esses "ingredientes" com sabedoria, de acordo com seu apetite pelo risco, suas necessidades nutricionais financeiras e seus gostos pessoais. Observe, assim, que criar um portfólio nutritivo não é apenas sobre retorno financeiro; é uma arte que alimenta sua paz de espírito.

Seu time de futebol...

Imagine seu portfólio de investimentos como um time de futebol. Cada jogador no campo representa um tipo diferente de investimento: ações, títulos do governo, créditos privados, fundos imobiliários, entre outros. Assim como em um time, cada investimento tem um papel específico, habilidades, e contribui de maneira única para o jogo.

O atacante, veloz e ágil, pode representar as ações de empresas em crescimento, capazes de marcar gols rápidos, mas também suscetíveis a perder oportunidades importantes.

Os meios de campo, por sua vez, mantêm o jogo equilibrado e constante, assim como os fundos imobiliários, que proporcionam uma base híbrida de riscos e retornos.

Os zagueiros são os ativos de renda fixa, como CDB, LCI, LCA, e alguns fundos conservadores que atuam protegendo seu portfólio e oferecendo uma estrutura estável.

O goleiro, enquanto isso, poderia ser comparado a investimentos mais conservadores que agem como uma última linha de defesa para seu capital, como o Tesouro Selic.

Assim como um técnico meticuloso seleciona jogadores com base em suas habilidades, o estilo de jogo desejado e os objetivos da equipe, um investidor deve escolher cuidadosamente os "jogadores" do seu portfólio.

Se você quer um jogo mais agressivo, talvez opte por mais atacantes, ou seja, investimentos mais arriscados. Se prefere uma defesa sólida, pode fortalecer o meio de campo e a defesa com investimentos mais seguros. Compreender seus próprios objetivos, sua tolerância ao risco e seu horizonte de tempo é essencial na construção de um time – ou portfólio – que se alinhe ao seu plano de jogo financeiro.

A chave para um portfólio bem-sucedido, assim como um time de futebol vencedor, está na diversificação e no entrosamento entre os diferentes jogadores. Se um jogador (ou investimento) não performa muito bem na partida ou no campeonato, os outros estão lá para compensar.

E, assim como um técnico habilidoso, o investidor deve entender como equilibrar esses diferentes elementos, ajustando sua estratégia de acordo com o jogo (ou o mercado).

Em resumo, um portfólio de investimentos diversificado é como um time bem montado, no qual cada jogador tem seu papel, trabalhando juntos em harmonia, e pronto para enfrentar os desafios do jogo financeiro.

Retornando à diversificação...

Ao investir em uma carteira diversificada por meio dos FIIs, você tem a oportunidade de mitigar riscos. Isso ocorre porque você não está concentrando todos os seus recursos em um único imóvel, tipo de imóvel ou negócio imobiliário. Assim, se um imóvel não estiver performando bem, isso pode ser compensado pelo bom desempenho de outros na sua carteira, protegendo seu investimento contra flutuações do mercado.

Considere, por exemplo, um investidor que queira investir em imóveis comerciais, mas não possua capital suficiente para adquirir um imóvel de grande porte. Com os FIIs, ele pode investir em uma carteira diversificada de imóveis comerciais, diluindo seu risco e aumentando suas chances de obter retornos satisfatórios.

Durante a pandemia da covid-19, vimos a importância da diversificação em ação. Em tempos normais, investimentos em fundos que têm imóveis comerciais, como escritórios e shoppings, tendem a oferecer um retorno consistente, já que a demanda por esses espaços é constante.

No entanto, com as medidas de restrição e o advento do trabalho remoto imposto pela pandemia, esses imóveis comerciais sofreram com a redução da demanda, resultando, consequentemente, em um impacto no valor das suas cotas e dos seus rendimentos.

Por outro lado, o desenvolvimento de imóveis residenciais e galpões logísticos mostrou maior resiliência. Muitas pessoas começaram a buscar moradias maiores ou uma opção de segunda moradia, pois precisavam de mais espaço para trabalhar e estudar em casa, impulsionando a demanda por esse tipo de imóvel. Além disso, galpões logísticos, utilizados por empresas de e-commerce para estocar e distribuir produtos, também se beneficiaram

CAPÍTULO 2   QUAIS SÃO AS VANTAGENS E AS DESVANTAGENS?

com o aumento das vendas online, apresentando um bom desempenho durante a pandemia.

Portanto, os investidores que diversificaram suas carteiras, alocando recursos em diferentes tipos de imóveis, conseguiram mitigar as perdas dos imóveis comerciais com o bom desempenho dos imóveis residenciais e galpões logísticos. Isso demonstra a importância da diversificação: ao espalhar seus recursos em diferentes tipos de imóveis, você está reduzindo o risco de um único tipo de imóvel afetar negativamente todo o seu investimento.

Por outro lado, após o auge da pandemia, e conforme as medidas de restrição foram amenizadas e as vacinas começaram a ser distribuídas, houve uma retomada da atividade econômica e um reaquecimento do mercado. Escritórios e shoppings, que estavam vazios durante os períodos de quarentena, começaram a ganhar vida novamente e com uma demanda alta, pois as pessoas estavam ansiosas para sair das suas casas.

Nesse cenário de recuperação, os FIIs que tinham esses imóveis comerciais (prédios e shoppings) em suas carteiras começaram a despontar. A demanda por espaços de escritórios voltou a crescer, e os shoppings retornaram com força total, atraindo consumidores ansiosos por retomar suas rotinas de compras e lazer. Isso resultou em uma recuperação significativa desses fundos, evidenciando ainda mais a importância da diversificação. Em outras palavras, mesmo em momentos de crise, existem oportunidades, e é fundamental estar preparado para aproveitá-las quando surgirem.

Uma das estratégias que os investidores utilizam para diversificar seus portfólios é a inclusão de ativos com correlações baixas ou negativas entre si. Em termos simples, a correlação entre dois ativos é a forma como eles se movem em relação um ao outro. Por exemplo: se quando um ativo sobe de valor, o outro também sobe, dizemos que eles têm uma correlação positiva; se quando um sobe, o outro desce, eles têm uma correlação negativa; e se o movimento de um não afeta o do outro, eles têm uma correlação baixa ou nula.

Diversificar um portfólio com ativos de correlações baixas ou negativas é uma estratégia para mitigar o risco, pois significa que mesmo que um ativo esteja tendo um desempenho ruim, outro pode estar indo bem. Isso é importante porque nos ajuda a entender por que a diversificação dos FIIs é tão valiosa: investindo em diferentes tipos de imóveis, é provável que tenhamos ativos com correlações variadas, o que pode ajudar a proteger o portfólio contra flutuações do mercado.

Imagine que você é o dono de uma barraca de praia e que você só vende picolés. Nos dias de sol, a praia fica lotada e você vende muitos picolés. Mas quando chove, ninguém vai à praia e você não vende nenhum picolé. Sua renda, portanto, é altamente correlacionada com o tempo: quando faz sol, você ganha dinheiro; quando chove, você não ganha.

Agora, imagine que você decide diversificar seu negócio e começa a vender também guarda-chuvas. Nos dias de sol, você ainda vende picolés, mas nos dias de chuva, você passa a vender guarda-chuvas. Dessa forma, independentemente do clima, você tem a possibilidade de ganhar dinheiro. Os picolés e os guarda-chuvas têm uma correlação negativa: quando as vendas de um caem, as vendas do outro aumentam.

A mesma lógica pode ser aplicada à diversificação em fundos imobiliários. Imagine que seus investimentos sejam como a barraca de praia. Se todos os seus investimentos forem em fundos que têm imóveis comerciais, por exemplo, e o mercado imobiliário comercial sofrer um golpe (como aconteceu durante a pandemia da covid-19), seu investimento pode sofrer.

Isso seria como ter apenas picolés para vender em um dia de chuva. No entanto, se você diversificar seus investimentos e tiver fundos que investem em diferentes tipos de imóveis – comerciais, residenciais, logísticos etc. – as chances de todos sofrerem ao mesmo tempo são menores. Isso é como ter tanto picolés quanto guarda-chuvas para vender. Se o mercado imobiliário comercial está sofrendo, talvez o mercado residencial ou logístico esteja indo bem, compensando suas perdas. Portanto, diversificar seu portfólio de fundos imobiliários pode ajudá-lo a proteger seus investimentos contra as oscilações do mercado.

Agora, vamos falar de liquidez...

A liquidez é outra grande vantagem dos FIIs. Eles são negociados na Bolsa de Valores, o que facilita a compra e venda de cotas. Se por algum motivo você precisar converter suas cotas em dinheiro (vendê-las na Bolsa de Valores), será capaz de fazê-lo de forma rápida e sem a burocracia típica de vender um imóvel físico.

A flexibilidade dos FIIs em termos de liquidez é, sem dúvida, um diferencial importante quando comparada ao investimento direto em imóveis. No entanto, embora seja mais fácil do que vender um imóvel, a liquidez depende do volume de negociações do FII na Bolsa. Alguns FIIs podem ter baixa liquidez, o que pode dificultar a venda rápida das cotas.

CAPÍTULO 2 QUAIS SÃO AS VANTAGENS E AS DESVANTAGENS?

Aqui vai uma definição de liquidez: é a velocidade com que você transforma um determinado investimento em dinheiro. Antes de investir, é preciso sempre levar em consideração o risco, a liquidez e o retorno de um determinado investimento.

A venda das cotas dos fundos imobiliários na B3, a Bolsa de Valores brasileira, segue o prazo de liquidação padrão do mercado, que é de "D+2", ou seja, dois dias úteis após a realização da operação, de acordo com a regras vigentes no momento em que escrevo este livro. Assim, se um investidor vende cotas de um FII na segunda-feira (dia útil dentro do horário de funcionamento), ele terá o dinheiro disponível em sua conta na corretora na quarta-feira. Isso é consideravelmente mais rápido do que o tempo que levaria para vender um imóvel físico.

Esse prazo é importante para garantir a segurança das operações e a integridade do mercado financeiro, permitindo que as corretoras e a própria B3 realizem as devidas verificações e os registros das transações antes de liberar o dinheiro para o investidor. Esse prazo é considerado bastante ágil e eficiente, permitindo que os investidores tenham acesso rápido ao dinheiro proveniente da venda de suas cotas de FIIs, aumentando ainda mais a liquidez e a atratividade desse investimento.

Como os FIIs são negociados na Bolsa de Valores, você pode comprar e vender suas cotas em poucos minutos, desde que tenha investido em fundos que tenham boa liquidez. Por fim, os fundos imobiliários permitem que você participe de empreendimentos de primeira linha e diversifique a sua carteira de investimentos com imóveis de diferentes regiões do Brasil. Imagine fazer isso com imóveis físicos! Você precisaria de uma fortuna!

Ademais, os preços das cotas dos FIIs podem oscilar na Bolsa, criando oportunidades para a compra de bons FIIs com descontos em momentos de baixa. Isso significa que os rendimentos mensais provenientes dos aluguéis dos imóveis são apenas uma das fontes de retorno para o investidor de fundos imobiliários, pois as cotas dos FIIs também podem se valorizar, permitindo ao investidor obter lucro ao vendê-las em algum momento no futuro.

Um exemplo de fundo imobiliário que chamou atenção nos últimos anos é o SHPH11, gerido pela Rio Bravo Investimentos. De acordo com o último relatório gerencial, o fundo tem como objetivo a aquisição e a participação na implantação, no desenvolvimento e na exploração, incluindo eventuais expansões e revitalizações, de parte do empreendimento imobiliário Shopping Pátio Higienópolis, localizado no bairro de Higienópolis em São Paulo.

Nota: esse é um exemplo e não uma recomendação de investimentos.

O FII atualmente é proprietário de 25,6% do Shopping Pátio Higienópolis, inaugurado em 18 de outubro de 1999. No momento em que escrevo este livro, existem mais de 608 mil cotas em circulação, o fundo conta com mais de 2.500 cotistas, e o Patrimônio Líquido dele é de R$ 545 milhões.

No mês de fevereiro de 2023, o fundo apresentou resultado de R$ 4,12/cota e distribuição de R$ 3,40/cota, ou seja, se você tivesse 1.000 cotas, receberia R$ 3.400,00.

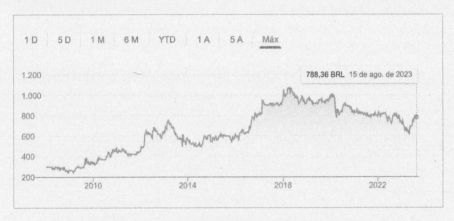

A seguir, apresentamos a performance do fundo em relação ao CDI e em relação ao Índice dos Fundos Imobiliários (IFIX):

Para acessar essas informações e outras informações sobre este fundo que utilizei como exemplo (SHPH11), basta ler o relatório gerencial (www.riobravo.com.br).

CAPÍTULO 2 QUAIS SÃO AS VANTAGENS E AS DESVANTAGENS?

Agora, perceba que existe outra vantagem dos fundos imobiliários que pode passar despercebida aos nossos olhos: o reinvestimento. Quando se trata de imóveis físicos, reinvestir os aluguéis em novas propriedades é uma tarefa desafiadora. O valor gerado é muito pequeno quando comparado ao preço de uma nova propriedade.

No entanto, com fundos imobiliários, é possível reinvestir os rendimentos todos os meses e aproveitar os juros compostos – um método que potencializa os retornos e faz com que você obtenha juros sobre os juros.

Quanto mais aplicar essa estratégia, maiores serão seus resultados. É impressionante como reinvestir ou não os rendimentos de um fundo imobiliário pode fazer uma enorme diferença em seu retorno.

Reinvestir os dividendos dos FIIs é importante para potencializar seus ganhos em longo prazo. Quando você reinveste pelo menos uma parcela dos rendimentos em novas cotas, está aproveitando os juros compostos – que geram retornos sobre os próprios retornos – e aumentam sua participação no fundo.

Assim, você amplia a geração de renda, visto que quanto maior a quantidade de cotas que você possui, maior será a parcela do dividendo recebido. Nesse contexto, quero explicar a você dois conceitos importantes que talvez você já tenha ouvido falar: o "**Número Mágico**" e o "**Efeito Bola de Neve**". Já ouviu falar em algum desses conceitos?

O *Magic Number* (Número Mágico) refere-se ao valor necessário de investimento em um FII para que os rendimentos gerados mensalmente sejam suficientes para reinvestir automaticamente e gerar uma renda adicional significativa. Em outras palavras, é o valor que permite ao investidor começar a aproveitar, ao máximo, o poder dos juros compostos e o "efeito bola de neve".

Suponha que você tenha R$ 10.000,00 para investir em um FII que paga um dividendo mensal de R$ 0,50 por cota, por exemplo, e que a cota do FII esteja sendo negociada a R$ 100,00. Isso significa que poderá comprar 100 cotas do FII com o seu investimento inicial de R$ 10.000,00. Se você reinvestir todo o dividendo recebido mensalmente em novas cotas do FII, aplicará esse dinheiro a uma taxa de juros compostos de 0,5% ao mês (R$ 0,50 / R$ 100,00). Para descobrir qual é o "Número Mágico", você precisa calcular quanto dinheiro será necessário acumular para poder adquirir uma nova cota do FII sem a necessidade de fazer um novo aporte.

No caso desse exemplo, o preço de uma cota é R$ 100,00 e o dividendo mensal é de R$ 0,50 por cota, o que significa que o "Número Mágico" (NM) é R$ 200,00.

A conta é simples:

NM = Preço da cota / Dividendo mensal

NM = R$ 100,00 / R$ 0,50

NM = 200

Na fórmula, o preço da cota representa o custo para adquirir uma cota de um fundo imobiliário e o dividendo mensal é o rendimento que você recebe por cada cota que possui. Isso significa que você precisa ter 200 cotas para receber o valor necessário para comprar uma nova cota sem precisar de novos aportes. A seguir, fiz um passo a passo:

1) Você vai precisar escolher o ativo que pretende investir. Em qualquer caso, o objetivo deve ser escolher um bom pagador de dividendos.

2) Ao escolher esse ativo, você deve pegar o preço do ativo e dividir pelo valor médio pago em dividendos.

Número Mágico = Preço do ativo / Valor do dividendo

3) Esse número encontrado é a quantidade de ativos que você precisa ter para que o rendimento desse ativo compre mais uma ação ou cota, isso com o tempo e os aportes constantes diminui o prazo necessário para se viver de renda.

4) Esse efeito é conhecido como efeito bola de neve, pois quanto mais você investe e reinveste os dividendos que recebe, mais dinheiro terá para continuar a investir e mais rápido aumentará o seu patrimônio.

5) O cálculo do "Número Mágico" leva em consideração a distribuição atual de dividendos, que pode mudar no futuro devido a diversos fatores.

O "Efeito Bola de Neve", portanto, ocorre quando o reinvestimento dos dividendos aumenta a quantidade de cotas detidas pelo investidor ao longo do tempo. Conforme a quantidade de cotas aumenta, também aumenta a quantidade de dividendos recebidos, o que por sua vez pode ser reinvestido novamente em mais cotas.

Esse processo gera um ciclo virtuoso de aumento da renda passiva e do patrimônio investido, proporcionando um crescimento exponencial.

Existe um *site* (https://utilitariosonline.com.br/magic-number) que pode ajudar você a fazer essa conta, bastando inserir o *ticker* (código) do fundo imobiliário. Fiz o teste com o fundo imobiliário TGAR11 e com o HGLG. Confira:

CAPÍTULO 2   QUAIS SÃO AS VANTAGENS E AS DESVANTAGENS?

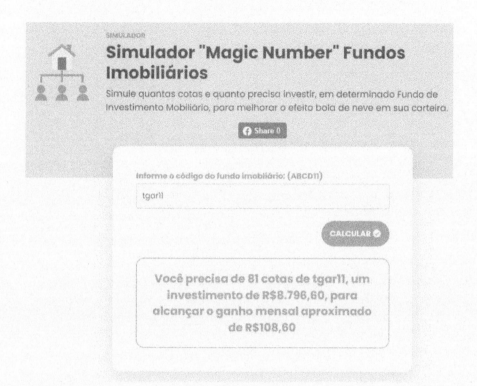

A imagem acima mostra a interface do site, com o local onde digitei o código do fundo imobiliário "TGAR11". O resultado, conforme você pode ver na imagem, indica que preciso comprar 81 cotas, fazendo um investimento de R$ 8.796,60 para conseguir um ganho mensal aproximado de R$ 108,60, que corresponde ao valor de uma cota desse fundo imobiliário.

Em outras palavras, com 81 cotas, o valor que você receberá em dividendos será suficiente para comprar mais uma cota, sem a necessidade de um novo investimento.

Na imagem adiante, fiz o mesmo teste com o fundo imobiliário HGLG11. O resultado, conforme você pode ver na imagem, indica que preciso comprar 147 cotas, fazendo um investimento de R$ 23.814,60 para conseguir um ganho mensal aproximado de R$ 162,00, que corresponde ao valor de uma cota desse fundo imobiliário.

Assim, com 147 cotas – que você não precisa comprar de uma só vez, claro –, você vai receber em dividendos um valor suficiente para comprar mais uma cota, sem a necessidade de um novo investimento.

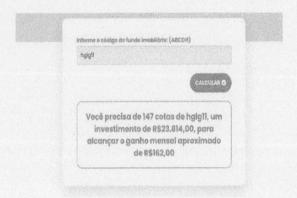

Observe que os resultados são válidos apenas para a data em que fiz a consulta. Os resultados serão diferentes quando você consultar, pois os valores mudam de acordo com o mercado. Agora que explicamos os conceitos do "Número Mágico" e do "Efeito Bola de Neve", e como eles podem ajudar a amplificar seus investimentos em fundos imobiliários por meio do reinvestimento de dividendos, farei um resumo das vantagens.

Acesso

Para investir em imóveis, normalmente é necessário muito dinheiro inicial ou recorrer a financiamentos, o que pode afastar muitas pessoas. Os FIIs são uma alternativa mais acessível, permitindo investimentos a partir de R$ 15,00 por cota. Além disso, é uma forma de familiarizar-se com o mercado imobiliário sem cometer grandes erros.

Diversificação

Ao investir em fundos imobiliários, você pode diversificar sua carteira de investimentos com pouco dinheiro. A maioria das cotas dos FIIs custa entre R$ 15,00 e R$ 120,00, permitindo que você tenha centenas de imóveis de diferentes tipos em sua carteira. Isso aumenta a segurança do seu patrimônio, pois se algum FII ou setor for afetado negativamente, sua carteira não sofrerá tanto. Com os fundos imobiliários, mesmo com pouco dinheiro é possível ter uma carteira com muitos imóveis.

Liquidez

A liquidez é fundamental nos investimentos, pois refere-se à facilidade de transformar o dinheiro aplicado em cotas e, posteriormente, em dinheiro novamente. Os FIIs são considerados líquidos, já que permitem a negociação rápida das cotas. E depois, como as cotas têm valores baixos, é possível vender de forma parcial (algumas cotas), ao contrário de um imóvel físico, que precisa ser vendido por inteiro.

Custos

Podem ser menores nos FIIs ou até mesmo inexistentes para o investidor, como é o caso de algumas corretoras que não cobram taxa para a negociação de cotas de FIIs.

Gestão Profissional

Ao investir em imóveis por meio de fundos imobiliários, o investidor conta com a gestão de profissionais especializados no mercado imobiliário e financeiro. Analisar a gestão é um ponto fundamental.

A razão é simples: diferentemente do investidor comum, que muitas vezes não é um especialista no assunto, a gestão profissional garante um melhor aproveitamento dos imóveis e uma administração mais eficiente. Além disso, o investidor é liberado das responsabilidades de gerenciar um imóvel e pode confiar na expertise dos profissionais que cuidam do FII, responsáveis pela parte financeira, jurídica e estratégica dos investimentos.

Qualidade dos Imóveis e dos Locatários

Os imóveis administrados por FIIs tendem a ser melhores (por causa da seleção realizada por uma gestão profissional) e a ter inquilinos de maior qualidade, como grandes empresas e instituições financeiras. Isso colabora para reduzir o risco de desvalorização imobiliária e de inadimplência e vacância dos imóveis.

Além de tudo, alguns FIIs têm contratos atípicos de locação, que são contratos mais longos e com cláusulas personalizadas, proporcionando, assim, maior estabilidade e segurança aos investidores. Calma, eu vou explicar!

Os contratos de aluguel, principalmente no contexto dos fundos imobiliários que geram renda com aluguéis, podem ser classificados em dois tipos principais: típicos e atípicos. Vamos entender as diferenças entre eles de uma maneira simples.

1) Contratos típicos são aqueles que encontramos com frequência em prédios comerciais, quando alguém aluga uma sala comercial, por exemplo. Normalmente têm um prazo de até cinco anos e, caso alguém quebre esse contrato, a multa costuma variar entre três e seis meses

de aluguel. Uma característica interessante é que, a cada três anos, esses contratos podem passar por uma revisão. Essa revisão permite ajustes que podem levar a ganhos ou perdas em comparação com a inflação, ajudando a alinhar o valor do aluguel com as condições econômicas atuais.

2) Contratos atípicos, por outro lado, são diferentes. A principal distinção é que o valor do aluguel é acordado no início, e nenhuma das partes pode pedir revisão durante sua vigência. Essa rigidez também se reflete na multa: se o contrato for quebrado, a multa será a soma total dos aluguéis restantes.

Em resumo, enquanto os contratos típicos oferecem uma certa flexibilidade, estão alinhados às variações da economia e podem ser descumpridos mais facilmente, os contratos atípicos são mais rígidos, exigem uma análise mais detalhada, mas tendem a ser mais seguros para quem investe em fundos imobiliários. A escolha entre eles deve ser feita considerando as necessidades e estratégias do inquilino e do proprietário, bem como a natureza dos ativos envolvidos.

No processo de seleção de investimentos, é prudente considerar contratos mais longos, que apresentem baixo risco de crédito, vacância controlada e possibilidade de recolocação ágil. Por exemplo, galpões logísticos tendem a ser mais resilientes, especialmente aqueles que podem se beneficiar com a consolidação do comércio eletrônico. Nós colocamos essa resiliência à prova durante a pandemia da covid-19, observando como esses ativos mantiveram seu desempenho.

Dividendos Mensais

Esses dividendos regulares podem proporcionar uma fonte de renda estável e previsível. Ademais, os dividendos mensais podem ajudar a minimizar a volatilidade dos preços das cotas caso sejam reinvestidos.

Como podemos ver, os Fundos Imobiliários trazem vantagens significativas que podem tornar o investimento em imóveis mais acessível, diversificado e lucrativo. Eles oferecem a comodidade de uma gestão profissional que cuida da manutenção dos ativos e da negociação dos contratos de aluguel. No entanto, assim como qualquer investimento, os FIIs também têm suas desvantagens. Compreender esses potenciais obstáculos é fundamental antes de tomar decisões de investimento. Vamos agora explorar algumas das principais desvantagens. Vale ressaltar que algumas características dos fundos imobiliários podem ser vistas como 'vantagens' ou 'desvantagens', dependendo do perfil e da estratégia do investidor.

Volatilidade

Refere-se às flutuações diárias nos preços dos ativos. Como os FIIs são negociados na Bolsa de Valores, os investidores podem comprar ou vender suas cotas diariamente, o que pode afetar os preços, mesmo que isso não reflita necessariamente o valor real dos ativos de um determinado FII.

Embora o valor de um imóvel físico também possa variar ao longo do tempo, essas variações não são percebidas da mesma maneira por quem compra um lote ou um imóvel, pois não há informações imediatas e diárias disponíveis. No entanto, as mudanças nos preços das cotas dos FIIs são facilmente perceptíveis, pois podem ser acompanhadas em 'tempo real'. Isso pode assustar algumas pessoas, mesmo que a volatilidade seja menor do que a de outros ativos, como as ações.

É importante lembrar que, ao investir em FIIs, como já explicamos, você está adquirindo uma fração de um imóvel real. Embora essa transação ocorra na Bolsa de Valores, os fundos são respaldados por propriedades reais, com inquilinos reais pagando aluguéis reais. Isso traz uma grande segurança para o investimento! Não é apenas um papel que representa uma empresa e que pode 'virar pó'!

Por fim, também é preciso lembrar que a volatilidade não é, por si só, algo ruim. Na verdade, é uma característica inerente a qualquer mercado organizado que tenha negociações diárias, como a Bolsa de Valores. O ponto chave aqui é a interpretação dessas flutuações.

Se você é um investidor de longo prazo, focado na geração de renda passiva e no crescimento constante do seu patrimônio, essas flutuações diárias podem não ter muito impacto para você. De fato, uma queda no preço da cota pode representar uma oportunidade de comprar mais cotas a um preço mais baixo.

O importante é que o fundo continue gerando renda constante por meio dos seus ativos, mantendo ou até aumentando o seu valor ao longo do tempo. Por outro lado, se você é um investidor que precisa do dinheiro investido em um prazo curto, a volatilidade pode ser um problema. Uma queda súbita no preço da cota pode forçá-lo a vender a cota por um valor menor do que você pagou.

Portanto, a volatilidade deve ser vista sob a ótica da sua estratégia de investimentos e dos seus objetivos financeiros. Se o seu objetivo é criar um patrimônio de longo prazo, as flutuações diárias dos preços das cotas podem ser vistas como oportunidades, como na pandemia da covid-19. Se você precisa do dinheiro no curto prazo, a volatilidade pode representar um risco que deve ser levado em consideração na hora de escolher os fundos imobiliários.

Tributação dos Dividendos

Em duas ocasiões, em 2015 e 2020, surgiram propostas no Congresso Nacional para acabar com a isenção do Imposto de Renda (IR) sobre os rendimentos dos fundos imobiliários. É evidente que a isenção do IR é um dos principais atrativos desse tipo de investimento. No entanto, em 2023, surgiu a Medida Provisória nº 1.184, trazendo novos requisitos para a isenção dos dividendos. A boa notícia é que, independentemente de quais exigências serão aprovadas, finalmente, o governo se posicionou claramente no sentido de que não há intenção de acabar com a isenção dos dividendos.

Os fundos imobiliários representam uma maneira inteligente do governo incentivar o mercado imobiliário, funcionando como uma política pública. Portanto, a perda da isenção de imposto de renda sobre os rendimentos dos FIIs poderia prejudicar tanto os investidores quanto o próprio mercado imobiliário.

Analisar os Imóveis Individualmente

A experiência de investir em imóveis, para muitas pessoas, vai muito além de números e relatórios. Há quem valorize a conexão tangível com seu investimento, desejando visitar, tocar e até mesmo acompanhar o estado do imóvel regularmente. Isso é algo bastante acessível para aqueles que investem diretamente em uma propriedade, mas a situação muda quando se trata de fundos imobiliários.

Um fundo imobiliário consiste em uma carteira diversificada de imóveis ou negócios imobiliários, podendo incluir propriedades como escritórios comerciais, shoppings, galpões industriais, entre outros. Só o fato de possuir diversos imóveis em diferentes localidades já torna complicado para um investidor visitar cada um deles.

A questão vai além da simples logística. Possuir cotas de um fundo imobiliário não concede ao cotista o direito de acesso irrestrito aos imóveis. Claro, você pode entrar em áreas públicas de alguns edifícios comerciais ou shoppings que fazem parte do fundo, mas o acesso a toda a propriedade, especialmente áreas privadas, é restrito por razões de segurança e privacidade.

Para algumas pessoas, isso pode ser uma desvantagem, pois preferem manter uma relação mais próxima com seus imóveis. Em geral, são as mesmas pessoas que também preferem decidir sobre os imóveis que vão comprar e, eventualmente, utilizá-los como garantia em outros negócios.

Considerações finais

Os fundos imobiliários se apresentam como uma opção atraente para aqueles que desejam investir no mercado imobiliário, mas possuem recursos limitados ou preferem evitar os contratempos da gestão direta de imóveis. Com uma série de vantagens, como acesso, diversificação, liquidez, custos reduzidos, gestão profissional, qualidade dos imóveis e locatários e dividendos mensais, os FIIs são uma ferramenta valiosa no portfólio de qualquer investidor.

No entanto, como em qualquer investimento, eles têm suas desvantagens. A volatilidade e a possível tributação dos dividendos são fatores que devem ser considerados. Antes de tomar uma decisão de investimento em FIIs, é importante entender todas essas variáveis. Lembrando que tanto a volatilidade das cotas quanto as possíveis mudanças nas isenções fiscais podem impactar o retorno do seu investimento.

Ao avaliar esses aspectos e equilibrar os benefícios e riscos, você estará mais preparado para tomar decisões de investimento bem fundamentadas e, principalmente alinhadas aos seus objetivos de vida.

Exercício Prático: compreender as diferentes categorias de fundos imobiliários, identificando as vantagens e desvantagens de cada um.

Instruções:

- Escolha um fundo representativo de cada uma das quatro categorias listadas abaixo.
- Utilize as ferramentas recomendadas no primeiro capítulo para encontrar esses fundos:
  - Fundo de Tijolo;
  - Fundo de Papel;
  - Fundo de Fundos;
  - Desenvolvimento/Híbrido.

FUNDOS IMOBILIÁRIOS | DE UMA FORMA QUE NINGUÉM NUNCA EXPLICOU

Perguntas:

- Quais são os principais riscos associados a cada fundo?

- Como eles se comparam entre as diferentes categorias?

- Qual é a expectativa de rendimento para cada fundo? Isso inclui tanto os dividendos quanto a valorização das cotas.

- Como é a liquidez de cada fundo? Isso se refere à facilidade com que você pode comprar ou vender as cotas no mercado.

- Cada fundo oferece uma diversificação dentro do portfólio (de inquilinos, de ativos, de Estados etc.)? Como isso se compara entre as categorias?

- Identifique e destaque as principais diferenças e semelhanças entre os fundos.

Reflexão Pessoal:

- Quais são as vantagens e desvantagens de cada tipo de fundo, considerando seus objetivos e tolerância ao risco?

- Quais as vantagens e desvantagens de cada fundo em relação a um investimento direto em imóveis?

- Se você fosse investir em um desses fundos, qual escolheria? Por quê?

Este exercício prático serve como instrumento essencial para aprofundar sua compreensão dos diferentes tipos de fundos imobiliários. Ao focar na identificação e na análise das vantagens e desvantagens de cada opção, você não só adquire um conhecimento teórico, mas também desenvolve uma perspectiva prática.

Isso permite avaliar como esses aspectos podem se alinhar ou divergir de suas metas financeiras, tolerância ao risco e estratégia de investimento a longo prazo. A combinação do viés teórico com o prático equipa você com a habilidade de tomar decisões mais racionais e confiantes no dinâmico mundo dos fundos imobiliários.

CAPÍTULO **3**

COMO AVALIAR UM FUNDO IMOBILIÁRIO?

Mariana olhava pela janela do 20º andar do edifício comercial onde trabalhava, observando a cidade abaixo. Os prédios, estradas e galpões apresentavam algo além de concreto e aço. Era uma paisagem de oportunidades.

Aquele dia havia sido longo, marcado por reuniões e planilhas. Uma chuva fina começou a cair, lançando um manto brilhante sobre a cidade, refletindo as luzes dos prédios e dos carros. Parecia um prenúncio de novas oportunidades.

O toque do seu telefone a trouxe de volta à realidade. Era Rodrigo, seu amigo e colega investidor, ávido por entender cada vez mais o mercado de capitais. "Mari, descobri algo sobre fundos imobiliários, especificamente o FIPP11. Estou pensando em investir como uma estratégia de geração de renda passiva. Preciso da sua opinião antes de dar o próximo passo."

Mariana sentiu um frio na barriga. Ela precisava analisar essa oportunidade a fundo e não sabia por onde começar. Mais tarde, compreendeu que aspectos como "valor patrimonial", "preço de mercado", "P/VP" e "DY" eram somente a ponta do iceberg; era essencial também focar nos aspectos qualitativos do fundo imobiliário.

Ela disse a Rodrigo: "Vou estudar isso com atenção e conversamos depois. Que tal nos encontrarmos após o trabalho? Assim você me conta o que já pesquisou." Ao desligar, a adrenalina do desafio pulsava em Mariana. Estava animada para se aprofundar, especialmente no mercado imobiliário, um campo que já lhe era familiar.

FUNDOS IMOBILIÁRIOS | DE UMA FORMA QUE NINGUÉM NUNCA EXPLICOU

Mariana iniciou sua análise do FIPP11, não se limitando aos números. Ela observou detalhes cruciais como a localização dos imóveis, a solidez dos negócios imobiliários e a reputação da gestora. Estava determinada a tomar uma decisão informada.

Os dias seguintes foram repletos de pesquisa, análises e discussões entre Mariana e Rodrigo. E, de forma curiosa, foi o próprio fundo imobiliário que os aproximou de maneira inesperada. Um dos imóveis pertencentes ao FIPP11 era um prédio comercial, e na parte térrea havia um charmoso café, o qual Mariana já tinha visitado algumas vezes durante seus intervalos de trabalho.

Em mais uma tarde chuvosa, após muitas conversas sobre o fundo, os dois decidiram fazer uma pausa e se dirigiram a esse café. Sentados em uma mesa próxima à janela, observando a chuva cair, Mariana e Rodrigo se perderam em conversas que iam muito além dos investimentos.

"Mari, você já percebeu que este café faz parte do fundo que estamos estudando?", comentou Rodrigo. Ela sorriu, captando algo mais nas palavras dele, e respondeu: "Foi exatamente por isso que eu sugeri que nos encontrássemos aqui".

Os meses seguintes mesclaram trabalho e encontros românticos no mesmo local, onde tudo começou. O desafio do FIPP11 tornou-se o pano de fundo de uma linda história que floresceu entre xícaras de café e negócios imobiliários.

Como Avaliar

Até o momento, analisamos os fundos imobiliários com o objetivo de demonstrar que eles podem ser uma alternativa interessante para quem busca diversificar sua carteira e obter renda passiva mensal a partir do recebimento de dividendos. No entanto, como qualquer investimento, há riscos associados. Neste capítulo, abordaremos alguns dos principais riscos desse tipo de investimento.

Nos capítulos anteriores, entendemos os principais fundamentos dos fundos imobiliários e refletimos sobre as suas vantagens e desvantagens. Estamos agora prontos para aprofundar nosso conhecimento!

Em algum momento, você deve ter se perguntado: "Como posso saber se um fundo imobiliário é bom?". Bem, os fundos fornecem mensalmente uma espécie de "boletim informativo de qualidade" (Relatório Gerencial) com todas as informações importantes que você precisa saber. Em geral, esses boletins incluem as fotos dos imóveis que o fundo possui e muitos outros dados importantes, como fatos relevantes, últimos acontecimentos, entre outros.

Agora você pode estar pensando: "Onde eu encontro os Relatórios Gerenciais?". Lembra das ferramentas (*sites* e plataformas) que indiquei no primeiro capítulo? Elas serão extremamente úteis, pois você encontrará de forma didática, e sem a necessidade de realizar cálculos, todos os documentos, relatórios, indicadores e métricas para analisar os fundos imobiliários.

No entanto, existem outras opções, como os *sites* da Comissão de Valores Imobiliários (CVM), da B3, e os *sites* dos administradores e gestores dos fundos. E tem mais, alguns fundos até possuem seu próprio *site* na internet, onde você pode encontrar ainda mais informações sobre eles. É como realizar um "tour virtual" guiado pelo fundo e seus ativos, onde você pode aprender tudo que precisa antes de investir – inclusive saber os telefones de contato, caso queira falar diretamente com o responsável pela gestão do fundo, bastando procurar pelo "RI" (Relações com Investidores).

Neste capítulo, nos concentraremos em duas métricas importantes para avaliar o desempenho e o valor de um fundo imobiliário: "*Dividend Yield*" (DY) e Preço sobre Valor Patrimonial (P/VP). Ao entender como essas métricas funcionam, você será capaz de analisar fundos de forma mais fácil para decidir melhor sobre os seus investimentos.

Muitos investidores têm grande apreço pelos fundos imobiliários (FIIs), enquanto outros parecem acumular somente prejuízos. Você sabe o motivo? A resposta, em geral, está na diferença entre o preço e o valor. O preço é o quanto você paga por uma cota do FII, que pode variar com base na oferta e demanda do mercado. Já o valor, refere-se ao patrimônio líquido do fundo, ou seja, o valor real dos imóveis e outros ativos do fundo dividido pelo número total de cotas.

Ao comprar uma cota de um FII, você está trocando o seu dinheiro por uma pequena participação em imóveis que geram rendimentos isentos do imposto de renda para você todos os meses. É essencial saber que suas decisões não devem se basear nos PREÇOS das cotas, mas sim no VALOR dos ativos. Responda à pergunta abaixo:

> Imagine que você possui um imóvel. Faria sentido vendê-lo se alguém oferecesse um preço abaixo do seu valor real? Provavelmente, não!

Warren Buffet certa vez disse o seguinte: "O preço é o que você paga; o valor é o que você leva" – observe que essa lógica se aplica aos fundos imobiliários.

É importante não se desfazer das suas cotas apenas por causa de uma oscilação temporária de PREÇO sem avaliar se o VALOR dos ativos continua o mesmo. Assim, não faz sentido decidir vender ou comprar sem analisar a relação entre o preço e o valor.

Mas como fazer isso? Para entender melhor a diferença entre preço e valor, precisamos discutir duas métricas importantes: P/VP e DY.

Existe uma forma para avaliar se o PREÇO das cotas está abaixo ou acima do VALOR do patrimônio do fundo: é o "P/VP". Ele indica se as cotas estão "caras" ou "baratas".

O "P/VP" é a divisão entre o Preço de uma única cota no mercado e o Valor Patrimonial de uma única cota do fundo, que representa o valor de mercado dos imóveis e outros ativos do fundo. De forma simples, um "P/VP" menor que 1 indica que as cotas estão sendo negociadas a um preço inferior ao valor patrimonial, enquanto um "P/VP" maior que 1 sugere que as cotas estão "caras".

Esclarecendo melhor a questão do "Valor Patrimonial" ("VP")

Pense no Valor Patrimonial de um fundo imobiliário como o valor real ou "preço de mercado" dos imóveis ou negócios imobiliários que ele possui. É como se você pudesse somar o preço de cada apartamento, escritório, shopping ou galpão que o fundo possui se fossem vendidos no mercado atual, no "mundo real".

Agora, aqui está a parte interessante. Muitas vezes, as cotas dos fundos imobiliários na Bolsa de Valores são negociadas por um preço menor do que esse Valor Patrimonial. Isso significa que, ao comprar uma cota do fundo, você pode estar adquirindo uma "parte" dos imóveis que, na verdade, vale mais do que você está pagando por ela.

Em outras palavras, se fossemos comparar com uma loja, seria como comprar um produto com desconto. Você está comprando a cota por um valor mais baixo, mesmo que a 'parte' dos imóveis que ela representa no fundo possa valer mais no mercado imobiliário convencional.

O Valor Patrimonial por cota, assim, é o resultado da divisão do Valor Patrimonial total do fundo pelo número de cotas emitidas. Na prática, para calcular o valor de mercado dos imóveis e outros ativos físicos pertencentes ao fundo, costuma-se realizar avaliações periódicas por empresas especializadas. Tais avaliações levam em conta uma série de fatores, como a localização dos imóveis, as condições do mercado imobiliário e a qualidade dos inquilinos, entre outros aspectos.

O indicador "P/VP"

O índice P/VP (Preço/Valor Patrimonial) é como um guia, semelhante a um sinal de trânsito que nos orienta, mas não determina nossas ações. Ele não deve ser a única razão para tomar uma decisão de investimento. Pense nele como uma ferramenta que mostra como o mercado está enxergando ou percebendo um determinado ativo. Às vezes, esse indicador pode até nos dar pistas sobre o que pode acontecer no futuro.

Alguns investidores escolhem não levar o P/VP em consideração, principalmente porque a reavaliação do valor de um imóvel pode variar bastante de ano para ano. Para aqueles focados em investimentos de longo prazo, essa variação pode parecer irrelevante. Por outro lado, há aqueles que consideram o P/VP útil, especialmente quando se trata de fundos que investem em recebíveis ou em outros fundos. Isso acontece porque, nesses casos, uma avaliação patrimonial e contábil correta é importante para tomar decisões de compra ou venda adequadas.

Em geral, o indicador P/VP é uma ferramenta útil para avaliar a precificação de um fundo imobiliário. Primeiro, é preciso calcular o Valor Patrimonial por cota, que é obtido da seguinte forma: divida o valor do patrimônio líquido do fundo (total de ativos menos dívidas) pelo número total de cotas existentes. Em seguida, comparamos esse valor com o preço atual da cota no mercado.

Para encontrar a relação P/VP, basta dividir o Valor de Mercado (Preço) da Cota pelo Valor Patrimonial dela. Esse cálculo nos mostra se a cota está sendo negociada com ágio ou deságio. Por exemplo, se uma cota de um fundo está sendo negociada por R$ 100,00 na Bolsa de Valores e seu Valor Patrimonial por cota é de R$ 75,00, obtemos um P/VP de 1,33. Isso indica que a cota está sendo negociada com ágio, ou seja, acima do seu Valor Patrimonial.

Interpretar o P/VP é muito simples: se for menor que 1, o preço das cotas está abaixo do valor patrimonial, indicando uma possível oportunidade.

Já se o P/VP for maior que 1, o preço está acima do Valor Patrimonial, sugerindo que as cotas podem estar sobrevalorizadas. No entanto, é importante lembrar que as cotas negociadas abaixo do Valor Patrimonial podem representar oportunidades, mas também podem indicar problemas com os ativos de um fundo.

Na imagem a seguir, você poderá visualizar o P/VP dos fundos imobiliários por segmento em um momento em que a economia brasileira estava com uma taxa de juros muito elevada, ou seja, o país estava em um processo de desaceleração econômica. Observe que os fundos imobiliários estavam sendo negociados abaixo do Valor Patrimonial.

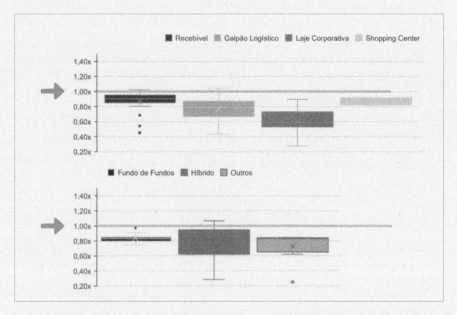

Vamos para um exemplo prático com o fundo VILG11 (Vinci Logística Fundo de Investimento Imobiliário) que investe em operações logísticas ou industriais para obtenção de renda, bem como em quaisquer direitos reais sobre os Imóveis, ou, ainda, pelo investimento indireto em Imóveis, mediante a aquisição de: ações ou quotas de sociedades, cotas de FIPs, cotas de outros FIIs, CRIs, outros valores mobiliários.

Enquanto escrevo este capítulo, o valor patrimonial por cota do fundo imobiliário VILG11 é R$ 111,83 e o preço de mercado de uma cota está em R$ 88,42. Assim, o P/VP é 0,79 – você pode utilizar aquelas ferramentas (*sites* e plataformas) que indiquei para encontrar com muita facilidade o P/VP dos fundos.

Neste caso, os investidores estão negociando as cotas por um PREÇO abaixo do que vale. Veja a seguir mais sobre o VILG11. **Obs.: Não devemos olhar apenas o P/VP, e este é só um exemplo, não uma recomendação de investimento. Estes são os locatários e os imóveis do VILG11 que usei como exemplo:**

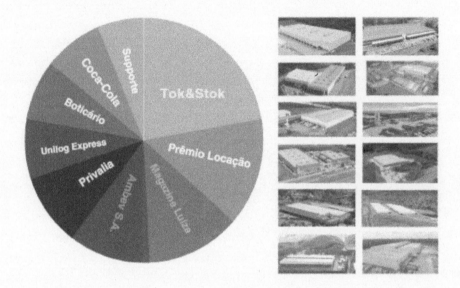

Infelizmente, nos momentos sensíveis do mercado imobiliário (juros altos = menos crédito), alguns cedem às emoções e vendem ativos valiosos por preços baixos. Meu conselho: selecione bem, compre bem e monitore os ativos/gestão, não o preço. O preço irá convergir para o valor, como ensinou Benjamin Graham, conselheiro de Warren Buffet.

Nota: Vale ressaltar que o "P/VP" pode ser menos útil ao avaliar FIIs de tijolo, dado que o valor patrimonial desses fundos costuma ser atualizado apenas uma vez por ano. Portanto, o P/VP de tais fundos pode não refletir as mudanças recentes no valor dos imóveis.

"P/VP" e uma Reflexão Necessária

Ao entendermos como se dá o processo de avaliação de um imóvel dentro de um fundo imobiliário, percebemos que devemos ser cuidadosos ao utilizar métricas como o P/VP. Inicialmente, quando o fundo adquire um imóvel, o seu valor de compra é registrado e você tem uma boa referência para o P/VP. No entanto, o valor do imóvel pode mudar ao longo do tempo, e aquele valor registrado anteriormente que você utilizava como referência deixará de ser tão útil e preciso.

Então, para lidar com essa situação, as gestoras dos fundos contratam consultorias especializadas para avaliar os imóveis. No entanto, é importante ressaltar que, nesses casos, estamos falando sobre fundos imobiliários de tijolos, que geralmente investem em galpões logísticos, prédios comerciais, shoppings, hospitais, etc.

Assim, muitas vezes é difícil encontrar todos os elementos necessários para avaliar corretamente esses tipos de imóveis. É por isso que o objetivo de todos os métodos de avaliação aceitos é fornecer ou apresentar uma estimativa, e não um valor exato.

Na prática, os preços de venda de imóveis por fundos imobiliários podem ser muito diferentes do valor patrimonial. É aqui que você precisa ter cuidado ao utilizar o P/VP para os fundos de tijolo. Dessa forma, a análise qualitativa do fundo deve preceder a análise quantitativa relacionada ao preço.

Como vimos, os fundos imobiliários são investimentos que podem gerar uma renda passiva estável. Uma das principais vantagens desses ativos, portanto, é a capacidade de proporcionar um fluxo mensal de dinheiro para seus cotistas. Para avaliar se um fundo imobiliário representa uma boa opção de investimento, além do "P/VP", existem outras métricas importantes, como o "DY" (*dividend yield*), por exemplo.

"*Dividend Yield*" ou "DY" ("Rendimento dos Dividendos")

É um índice que expressa a relação percentual entre os dividendos pagos pelo fundo imobiliário nos últimos 12 meses e o preço de mercado da cota. Em outras palavras, o DY ajuda a determinar se o fundo está gerando um retorno satisfatório para o investidor, considerando o valor investido na compra da cota.

Um DY elevado pode indicar que o fundo está pagando bons dividendos, mas também pode ser resultado da queda no preço da cota. Isso ocorre porque o DY é calculado dividindo-se o valor dos dividendos pelo preço da cota. Então, se o preço da cota diminuir e os dividendos permanecerem constantes, o DY aumentará.

Assim, é importante analisar o DY em conjunto com outras informações sobre o fundo, como o desempenho dos ativos, a estratégia de gestão e as condições do mercado. Não se esqueça: rendimento passado não é garantia de rendimento futuro.

É claro que um fundo imobiliário pode ter um DY alto sem que isso signifique que ele seja uma boa opção de investimento. É preciso avaliar outros aspectos como a qualidade dos ativos, a consistência do fluxo de caixa, a estratégia de gestão, a perspectiva de valorização dos imóveis, a perspectiva do segmento do fundo, etc.

O cálculo do "DY" de um fundo imobiliário é um processo simples. Para obtê-lo:

1) **Some os rendimentos pagos nos últimos 12 meses;**
2) **Divida o resultado da soma pela cotação atual do fundo;**
3) **Multiplique o resultado por 100; e**
4) **Você terá o "DY" dos últimos 12 meses.**

Por exemplo, se um fundo imobiliário pagou R$ 1.000 em dividendos mensais nos últimos 12 meses e a cotação atual do fundo é R$ 10.000, o "DY" será de 10% (1.000 ÷ 10.000 x 100). A seguir, um outro exemplo.

Imagine que o fundo imobiliário FIPP11 pagou R$ 1,50 de dividendos por mês nos últimos 12 meses aos seus cotistas. Para encontrar o valor total pago no ano, multiplicamos esse valor mensal por 12. Assim, R$ 1,50 * 12 = R$ 18,00. Esse foi o total distribuído aos cotistas durante o ano.

Agora, queremos saber qual é a rentabilidade percentual desse valor em relação ao preço atual da cota do fundo, que é de R$ 120,00. Para isso, dividimos o valor total pago (R$ 18,00) pelo preço da cota (R$ 120,00), o que resulta em 0,15. Para transformar esse número em uma porcentagem, simplesmente multiplicamos por 100. Então, 0,15 * 100 = 15%. Esse é o DY do nosso fundo.

Em outras palavras, com base nas distribuições dos últimos 12 meses, o fundo FIPP11 negociaria com um DY de 15%. Agora, suponha que você decida investir nesse fundo e compre cotas hoje a R$ 120,00 cada. Se o fluxo de rendimentos desse fundo permanecer estável, você receberá 15% de retorno nos próximos 12 meses com base no valor do seu investimento.

Assim, calcular o "DY" fornece uma maneira eficaz de comparar a rentabilidade de diferentes fundos imobiliários, permitindo que os investidores tomem decisões mais alinhadas aos seus objetivos, sempre considerando outras métricas e informações relevantes sobre cada fundo.

Vale ressaltar que o cálculo do "DY" é baseado em dados históricos e não há garantia de que um fundo imobiliário manterá esse nível de rentabilidade no futuro. É importante considerar todo o contexto do fundo para avaliar a consistência desse rendimento.

DY e preço

Como vimos, ao considerar investimentos em fundos imobiliários, é fundamental entender como o preço da cota afeta o retorno. Se você comprar uma cota por mais de R$ 190,00 em um mercado aquecido, receberá uma quantia fixa mensal, mas o seu DY será menor. Por outro lado, se você comprar essa mesma cota por menos de R$ 190,00 durante um mercado em baixa, seu DY será maior.

Para avaliar se o DY é justo, pode-se fazer duas comparações. A primeira é com o retorno de um investimento direto em imóveis, considerando também a tributação envolvida. A segunda comparação é com um título de longo prazo do Tesouro Nacional, como a NTNB, excluindo o índice de inflação atrelado ao título.

Por exemplo, se o título oferece um retorno de IPCA + 5% ao ano, você irá considerar apenas os 5% na sua análise. Busque um fundo com retorno superior a esse, levando em conta que a NTNB é considerada um investimento mais seguro, e, portanto, só faz sentido correr mais risco se houver um prêmio maior envolvido.

DY, passado e futuro...

Imagine seu investimento em um fundo imobiliário como uma árvore frutífera em um jardim. A árvore cresce ao longo do tempo, alimentada pelos nutrientes no solo e pelo trabalho do jardineiro. Essa árvore dá frutos regulares, que podem ser comparados aos dividendos recorrentes gerados pelo fundo imobiliário. É algo que você pode contar de forma regular como uma renda passiva mensal.

Agora, ocasionalmente, a árvore pode produzir frutos excepcionais ou mesmo flores raras. Esses são como a renda não recorrente, como a venda de um imóvel ou pagamento único de aluguéis atrasados. Esses acontecimentos não são garantidos, mas são um bônus bem-vindo quando acontecem, porque o DY aumenta.

É importante observar a árvore ao longo das estações. Como ela cresceu no passado? Como foram seus frutos? Isso pode fornecer dados importantes sobre a saúde da árvore e a habilidade do jardineiro. Mas lembre-se, assim como a natureza é imprevisível, o crescimento da árvore e os frutos futuros não são garantidos apenas pela sua performance passada.

Ao final de cada estação, após cuidar da árvore e colher os frutos, o jardineiro (gestor do fundo) pode decidir compartilhar grande parte desses frutos com você, o proprietário do jardim. Alguns dos frutos podem ser guardados para o futuro, assegurando o crescimento contínuo da árvore.

Assim, ao escolher investir em um fundo, considere tanto os frutos regulares (renda recorrente) quanto os frutos excepcionais (renda não recorrente), e não se esqueça de olhar para a saúde geral da árvore, observando seu crescimento ao longo do tempo. Mesmo que o passado não seja uma garantia para o futuro, ele pode te dar uma boa ideia do que esperar do jardim que você está cultivando.

Outros fatores de análise dos imóveis (perguntas exemplificativas)

- A macrorregião onde o imóvel está localizado é boa?

- A microrregião onde o imóvel está localizado é boa?

- Se for um galpão, por exemplo, está perto de rodovias principais?

- Se for um edifício residencial, qual é a situação do transporte público na região?

- Se for um shopping, qual é o histórico de locação das lojas? Há muita demanda?

- O imóvel é muito antigo? Está em bom estado de conservação? Quais os custos de manutenção ou de eventuais reformas necessárias?

Outros fatores de análise dos fundos (perguntas exemplificativas)

- Você procurou por fundos que estão listados no IFIX (índice dos fundos imobiliários) e que por isso possuem maior liquidez?

- Você procurou por fundos em ordem decrescente de participação no IFIX para estudá-los?

- Você considerou o tipo de imóvel do fundo (prédios comerciais, lajes corporativas, shoppings, galpões, universidades, hospitais, etc.)?

- Você considerou a quantidade de imóveis ou negócios imobiliários do fundo?

- Você considerou a quantidade e a representatividade dos inquilinos do fundo?

- Você priorizou fundos multi-imóvel, multi-inquilino e multi-Estados?

- Você leu os Relatórios Gerenciais para verificar informações relevantes sobre o fundo?

- Você considerou o histórico de rendimentos distribuídos pelo fundo, procurando por valores discrepantes?

- Você verificou o prazo dos contratos de aluguel e se os contratos são típicos ou atípicos e quais são as garantias?

- Você conseguiu entender os ativos dos fundos e os riscos envolvidos em cada um dos negócios imobiliários ou ativos do fundo?

Ao longo deste capítulo, discutimos algumas das ferramentas primordiais para a avaliação e análise dos fundos imobiliários. Aprofundamo-nos no entendimento do "*Dividend Yield*" (DY), do "Preço sobre Valor Patrimonial" (P/VP), instrumentos indispensáveis para uma análise eficaz dos FIIs, entre outros fatores.

Entendemos que o "P/VP" nos auxilia a compreender a relação entre o preço e o valor dos ativos de um fundo, fornecendo uma ideia se as cotas estão "caras" ou "baratas". Da mesma forma, observamos que o "DY" nos dá uma visão do retorno esperado de um fundo em termos de rendimentos pagos aos cotistas.

No entanto, reforçamos a importância de não considerar essas métricas de forma isolada. Elas são apenas uma parte de um todo que envolve uma série de outros fatores, como a qualidade dos ativos do fundo, a estratégia de gestão, a consistência do fluxo de caixa, entre outros.

Lembramos ainda que o investimento em fundos imobiliários é uma decisão que deve ser embasada em uma análise cuidadosa e completa, não apenas em números. No próximo capítulo, mergulharemos nos riscos associados aos investimentos em fundos imobiliários e como você pode mitigá-los. O conhecimento é a chave para investimentos bem-sucedidos. Portanto, continue conosco nesta jornada de aprendizado sobre fundos imobiliários.

Exercício Prático: Análise de Fundos Imobiliários de Logística.

Neste exercício, você aplicará o conhecimento adquirido sobre as vantagens e desvantagens de investir em fundos imobiliários, com foco especial em fundos de logística. Siga as etapas a seguir para uma análise completa:

CAPÍTULO 3 COMO AVALIAR UM FUNDO IMOBILIÁRIO?

- Escolha três fundos que sejam representativos da área de logística;
- Para cada fundo selecionado, liste e avalie os seguintes aspectos:
  - Vantagens e desvantagens: identifique os pontos fortes e fracos de cada fundo, considerando diversificação de portfólio, geográfica, de inquilinos e de negócios, contratos típicos ou atípicos, estabilidade dos dividendos distribuídos, e liquidez.
  - Taxas: anote as taxas de administração/gestão e performance.
  - Dados financeiros e operacionais: considere aspectos como a diversificação de portfólio, diversificação geográfica, diversificação de inquilinos e de negócios, se os contratos são típicos ou atípicos (atípicos são melhores), estabilidade dos dividendos distribuídos, e liquidez. Depois disso, anote os seguintes pontos de cada um desses fundos:
    - P/VP (Preço/Valor Patrimonial)
    - Liquidez diária média
    - Vacância financeira (quantos % dos aluguéis estão em atraso)
    - Vacância física (quantos % dos imóveis estão desocupados)
    - Dividendos (média dos últimos 12 meses)
    - Números de ativos que o fundo possui
    - Patrimônio líquido do fundo
  - Compare esses fundos elaborando um quadro como o abaixo (quadro retirado do meu curso sobre fundos imobiliários – finalidade meramente educacional):

ANÁLISE FUNDOS IMOBILIÁRIOS SEGMENTO LOGÍSTICA

NOME DO FUNDO	XPLG11	HGLG11	ALZR11
P/VP	0,95	1,17	1,05
LIQUIDEZ MÉDIA DIÁRIA	R$ 4.5M	R$ 6.7M	R$ 1.5M
VACÂNCIA FINANCEIRA (% aluguéis em atraso)	1,20%	6,5%	0%
VACÂNCIA FÍSICA (% imóveis desocupados)	8,8%	6,9%	0%
DIVIDENDOS MÉDIA 12M (% do lucro distribuído)	0,68%	0,78%	0,64%
NÚMERO DE ATIVOS	13	17	15
PL DO FUNDO	R$ 3,1 bi	R$ 3,5 bi	R$ 741,3 mi

Reflexão Pessoal:

- Baseado em sua análise, reflita sobre qual dos três fundos se alinha mais estreitamente com seus objetivos de investimento e tolerância ao risco.

- Você investiria em algum deles? Por quê? Pense em cenários otimistas e pessimistas e em como cada fundo imobiliário reagiria diante dessas situações.

CAPÍTULO 4

QUAIS SÃO OS RISCOS E AS REFLEXÕES?

João, um investidor experiente em FIIs, estava a caminho de uma conferência internacional sobre assuntos médicos. Ele havia escolhido um assento na classe executiva do voo, buscando um pouco de conforto para as longas horas de viagem.

Ao seu lado, uma senhora de aparência enérgica e elegante chamada Maria se acomodou, parecendo bastante animada com a viagem. Com um sorriso contagiante, ela puxou conversa com João.

Maria: "Sabe, a última vez em que estive em um avião, estava a caminho de um shopping magnífico. Era enorme! Tinha uma pista de patinação no gelo e até um aquário com tubarões! Quase comprei uma loja lá, acredita?"

João: (Rindo) "Uau! Vejo que você tem um espírito empreendedor! Parece estar sempre em busca de negócios até nos momentos de lazer, não é?"

Maria: "Ah, shoppings são muito bons para passeios quando se tem uma família muito grande como a minha! Especialmente aqueles com grandes áreas para lazer. Fui até lá para visitar minha neta, mas o shopping foi o que realmente me conquistou. O nome era 'Shopping Central Plaza'."

João quase se engasgou com seu suco de laranja.

João: "Shopping Central Plaza? Você está falando sério? Eu invisto em um fundo imobiliário que possui parte desse shopping no portfólio!"

Maria: "Sério? Bem, então você deve ser parcialmente responsável por aquela maravilhosa fonte luminosa que encantou minha neta!"

Os dois riram.

João aprendeu muito com as observações perspicazes de Maria sobre o shopping e a experiência do consumidor. Maria, por sua vez, ficou fascinada pela perspectiva de investir em algo que ela amava tanto.

A viagem, que começou como uma jornada comum, transformou-se em uma conexão inesperada e enriquecedora. Eles compartilharam histórias, riram das coincidências da vida e até discutiram estratégias de investimento.

Aterrissando no destino, João percebeu que o encontro com Maria não apenas havia tornado a viagem mais agradável, mas também lhe proporcionou ideias valiosas sobre seu investimento.

Moral da história: os investimentos em fundos imobiliários são mais do que simples números em um portfólio. Eles são uma parte tangível e vibrante da vida cotidiana, e, às vezes, a sabedoria pode vir de lugares e pessoas inesperadas.

A diversidade e a humanidade dos investimentos foram o que realmente brilharam naquele voo, e João desembarcou com uma compreensão mais profunda e apreciativa do mundo dos fundos imobiliários.

Agora vamos falar dos riscos? Assim como João descobriu durante seu voo inesperado, investir em fundos imobiliários pode ter muitas recompensas. No entanto, como qualquer investimento, também vem com riscos. Compreender esses riscos é essencial para navegar com segurança pelos fundos imobiliários. Neste capítulo, vamos explorar esses riscos em detalhes, ajudando você a tomar decisões racionais.

Risco de Mercado

Os fundos imobiliários são negociados na B3, a nossa Bolsa de Valores, o que significa que seu valor é afetado pelas condições econômicas e políticas do país. Uma crise econômica, por exemplo, pode depreciar o valor dos imóveis, e, consequentemente, reduzir o valor das cotas do fundo. Por isso, destaquei a importância de entender a diferença entre PREÇO e VALOR.

Este é um risco inerente a todos os investimentos atrelados à economia. Em tempos de crise, por exemplo, as taxas de juros tendem a subir para controlar a inflação, o que pode tornar outros investimentos mais atraentes em comparação aos FIIs. Uma forma de mitigar este risco é diversificando sua carteira, não concentrando todos os seus investimentos em FIIs.

Risco de Liquidez

A liquidez das cotas é um critério importante. Portanto, antes de investir, é fundamental verificar a liquidez do fundo que você escolheu. O risco aqui é de escolher um fundo sem muita liquidez e acabar sendo difícil encontrar compradores para as suas cotas se decidir vendê-las.

Para exemplificar, um FII com poucas cotas negociadas diariamente pode fazer com que o investidor tenha dificuldade em vender suas cotas pelo preço que deseja, ou até mesmo encontrar um comprador. A análise prévia da liquidez do fundo e a diversificação dos investimentos podem ajudar a mitigar esse risco.

Risco de Crédito

Os fundos imobiliários podem investir em títulos de dívida emitidos por empresas do setor imobiliário, o que pode expor o investidor a um risco de inadimplência dessas empresas. No capítulo anterior, ensinei a você a importância de verificar este ponto.

Um exemplo pode ser quando o FII investe em um título de dívida de uma construtora que acaba tendo dificuldades financeiras. É claro que, em regra, existem diversas garantias, mas o fundo pode demorar um pouco para executar as garantias – mais um ponto que ressalta a importância da diversificação de negócios imobiliários dentro do portfólio do fundo. A mitigação desse risco pode ser alcançada por meio de uma análise cuidadosa dos investimentos do fundo e da saúde financeira dos empreendimentos nos quais ele investe.

Risco de Vacância

A vacância refere-se ao percentual de imóveis ou espaços em um fundo que não estão gerando renda por não estarem ocupados. Alguns fundos possuem imóveis físicos que podem permanecer desocupados por um período, reduzindo o fluxo de caixa do fundo e, consequentemente, a distribuição de rendimentos aos cotistas. Avaliar os locatários e a qualidade dos imóveis é fundamental.

Imagine um FII que detém um prédio de escritórios, e um dos inquilinos que ocupa uma grande parte do prédio decide não renovar o contrato. Isso aumenta a taxa de vacância do prédio, reduzindo a renda do fundo. Verificar a diversidade dos inquilinos do fundo pode ajudar a mitigar esse risco.

Tomemos o fundo fictício FIPP11. Esse fundo tem demonstrado resiliência diante da vacância, com uma média de apenas 10% de seus ativos não ocupados. Comparativamente, isso é bastante positivo, especialmente quando olhamos para a média de vacância no Estado de São Paulo, que pode chegar a 25%. Em outras palavras, poderíamos dizer que o fundo FIPP11 tem conseguido manter mais de seus imóveis alugados do que a média dos imóveis na cidade.

Imagine outro fundo que tem sido exemplar na gestão da vacância, mantendo uma taxa de ocupação de 100% mesmo durante um dos períodos mais desafiadores para o mercado imobiliário. Fatores como a localização privilegiada, um preço de aluguel competitivo e características únicas dos imóveis fazem toda a diferença para atrair e reter inquilinos.

No entanto, nem todos os fundos gerenciam a vacância tão bem. Existem fundos que enfrentam altas taxas de vacância por períodos prolongados. Esta é uma situação que pode ser ruim para o investidor, pois a falta de renda de aluguel pode comprometer o rendimento do fundo. Ao avaliar fundos imobiliários para investir, é importante considerar a taxa de vacância, bem como a capacidade do fundo de gerenciá-la efetivamente. Afinal, um fundo que administra bem a vacância pode garantir uma fonte mais constante de renda para os cotistas.

Risco de Gestão

A performance do fundo depende da capacidade do gestor de tomar as melhores decisões de investimento. Se a gestão for ineficiente, o fundo pode apresentar rendimentos abaixo do esperado.

Esse risco pode ser ilustrado quando o gestor decide investir em imóveis ou setores que não apresentam bom desempenho. Analisar a reputação e o histórico do gestor são formas de mitigá-lo.

Alguns conselhos úteis para analisar cuidadosamente a qualidade da gestão:

1) Proximidade com os Inquilinos: é fundamental que a gestão esteja próxima dos inquilinos dos empreendimentos que integram o portfólio do fundo. Isso pode permitir que ela responda mais rapidamente às preocupações e necessidades dos inquilinos, fortalecendo o relacionamento com eles e, possivelmente, aumentando a retenção.

2) Vistorias e Manutenções: realizar inspeções regulares nos imóveis é essencial para garantir que tudo esteja em ordem, incluindo a necessidade

CAPÍTULO 4 QUAIS SÃO OS RISCOS E AS REFLEXÕES?

de manutenção preventiva. Quando necessário, também pode ser relevante investir em *retrofits*, ou seja, em modernizações que agregam valor ao imóvel. Isso ajuda a manter o imóvel atraente para inquilinos atuais e futuros.

3) Busca Ativa por Ativos Promissores: estar constantemente em busca de ativos imobiliários com melhores perspectivas no mercado pode oferecer oportunidades de crescimento e diversificação para o fundo. Isso requer uma análise cuidadosa das tendências do mercado, da localização, do tipo de propriedade e de outros fatores que podem influenciar a relação risco-retorno.

4) Comunicação Transparente, Clara e Acessível nos Relatórios Gerenciais: investidores e partes interessadas precisam ser bem-informados sobre a situação e as estratégias do fundo. Isso inclui relatórios gerenciais claros e transparentes, que mostrem não apenas os resultados financeiros, mas também as abordagens estratégicas, os riscos e as oportunidades.

Ao considerar esses pontos, você poderá reduzir o risco atrelado à gestão. Essas práticas não apenas ajudam a proteger seu investimento, mas também podem contribuir para seu crescimento como investidor.

Risco de Renda Mínima Garantida (RMG)

Nos últimos anos, vimos um "boom" no lançamento de vários fundos imobiliários na Bolsa de Valores. Para tornar esses fundos mais atraentes para os investidores, muitos ofereciam a "Renda Mínima Garantida". Esse era um valor pago mensalmente aos cotistas durante um determinado período, que poderia ser alguns meses ou até mesmo anos. E, geralmente, essa taxa parecia bastante atrativa à primeira vista.

Mas, como em muitos casos na vida, se algo parece bom demais para ser verdade, provavelmente não é. A "RMG" não era um presente. Os fundos imobiliários que ofereciam a "RMG" costumavam ser lançados a preços elevados, acima do valor de mercado. Além disso, essa renda garantida não era proveniente do desempenho real dos negócios imobiliários do fundo.

Em vez disso, em muitos casos, era paga pela construtora ou incorporadora. Isso, claro, é algo potencialmente problemático, pois poderia mascarar o lucro real do fundo, fazendo-o parecer mais rentável do que realmente era. Nesse sentido, é essencial entender completamente os termos e as condições da RMG antes de se comprometer.

FUNDOS IMOBILIÁRIOS | DE UMA FORMA QUE NINGUÉM NUNCA EXPLICOU

A título de exemplo, imagine um fundo que oferece uma RMG de 0,8% ao mês para atrair investidores. Contudo, após o prazo da RMG, vamos supor que a rentabilidade tenha caído para 0,4%. Estar ciente de que a RMG é temporária e avaliar o potencial real de rendimento do fundo podem ajudar a mitigar o risco.

A Lógica da RMG

Alguns fundos imobiliários utilizaram esse mecanismo como uma estratégia de marketing para atrair investidores, prometendo uma renda mínima garantida por um período determinado. No entanto, como vimos, essa garantia pode não ser sustentável a longo prazo, pois depende da capacidade do fundo de manter as suas receitas e gerar lucros para distribuir aos investidores.

Risco Regulatório

Mudanças nas leis que regem os fundos imobiliários podem afetar seu desempenho. Isso inclui mudanças nas alíquotas de impostos, nas regras para aquisição e gestão de imóveis ou na tributação dos dividendos.

Como sabemos, um dos principais benefícios dos fundos imobiliários é a isenção de imposto sobre os rendimentos ou dividendos recebidos pelos investidores pessoas físicas. Essa isenção facilita significativamente a possibilidade de viver de renda ou de complementar a renda mensal.

Comparada ao investimento direto em imóveis, a isenção de imposto sobre os rendimentos é claramente vantajosa. No entanto, quando se trata de ganho de capital, a situação é um pouco diferente. O investidor direto em imóvel é tributado em 15% sobre o lucro obtido na venda do patrimônio, enquanto o investidor em fundos imobiliários é tributado em 20%.

Apesar dessa diferença, um fator importante a se considerar é a corretagem. As imobiliárias costumam cobrar cerca de 6% de comissão na venda de uma propriedade. Nos fundos imobiliários, em geral, as comissões tendem a ser menores.

Para as empresas, a tributação em fundos imobiliários funciona de maneira diferente. As pessoas jurídicas, diferentemente das físicas, são tributadas em 20% sobre todos os rendimentos recebidos dos fundos imobiliários. Além disso, também são sujeitas à tributação de 20% sobre o ganho de capital, que é o lucro obtido a partir da venda das cotas do fundo por um valor superior ao de compra.

Riscos dos Negócios Imobiliários do Fundo

Dependendo do setor em que o fundo decide investir, ele pode ser favorecido ou prejudicado por certos eventos ou situações. Vamos pegar a pandemia da covid-19 como um exemplo: ela desencadeou uma mudança repentina nos fundos de shoppings e escritórios (que diminuiu) e dos galpões de logística (que aumentou).

Além dos impactos da economia em cada segmento imobiliário, cada fundo tem a sua própria carteira de ativos. Isso significa que, mesmo se um fundo imobiliário estiver investindo em um segmento promissor, o rendimento que ele gera está intimamente ligado à qualidade do ativo específico que possui.

Por isso, é fundamental compreender que, ao investir em fundos imobiliários, não estamos apenas analisando a perspectiva de um setor inteiro, mas também avaliando a qualidade dos ativos específicos que compõem a carteira de cada fundo.

Conclusão

Explorar os riscos associados aos investimentos em FIIs nos ajudou a desmistificar alguns dos medos e compreender como é possível mitigá-los. A análise de riscos não é apenas um exercício teórico, mas uma parte essencial do processo de tomada de decisão, que pode impactar diretamente no retorno e na segurança dos seus investimentos.

Entretanto, conhecimento sem aplicação prática pode ser inútil. Assim, é importante refletir sobre como esses riscos se conectam com suas próprias escolhas e estratégias de investimento. A seguir, apresentaremos uma série de perguntas que abordam especificamente os riscos associados aos FIIs. Essas perguntas são projetadas para ajudar você a avaliar sua própria situação, aprofundar sua compreensão e aplicar o que aprendeu de maneira prática e eficaz.

Reflexões

Os riscos de investir em fundos imobiliários são compatíveis com um perfil conservador – investidor que somente conhece a poupança, por exemplo?
Você se considera um investidor conservador e só tem aplicado seu dinheiro na caderneta de poupança até agora. Se for o caso, é hora de você conhecer novas oportunidades. Há outras opções que podem oferecer retornos

maiores e com o mesmo nível de segurança da poupança, como o Tesouro Selic, por exemplo.

Mas, e quanto aos fundos imobiliários? Como eles se encaixam nesse cenário? Bem, é importante que você saiba que investir em fundos imobiliários é uma experiência totalmente diferente de guardar seu dinheiro na poupança. Como você já aprendeu, eles fazem parte do mundo dos investimentos de renda variável, o que significa que há uma oscilação no valor da cota, e que o preço pode cair ou subir a depender das condições do mercado – por isso mesmo, sou favorável a utilizá-los como estratégia de geração de renda passiva mensal para o longo prazo.

Para entender melhor, vamos fazer uma comparação com o mundo real. Imagine que você tenha uma casa para alugar ou vender. Há riscos envolvidos, certo? Como a casa ficar vazia sem inquilinos ou o valor do imóvel cair. Porém, se você está disposto a enfrentar esses riscos, então os FIIs serão uma boa alternativa para você. O mais interessante é que os riscos ao investir em FIIs são semelhantes aos de investir em imóveis físicos, mas geralmente tendem a ser menores em virtude da diversificação.

Como sugestão inicial, se você é um investidor conservador habituado à poupança, comece investindo no Tesouro Selic por meio de uma corretora. Conforme se sentir mais confortável e adquirir mais conhecimento sobre o mercado, considere dar os primeiros passos nos fundos imobiliários. Lembre-se, eles são classificados como ativos de renda variável, então são mais adequados para perfis de investidor moderados a sofisticados.

Os riscos de investir em fundos imobiliários são compatíveis com um perfil conservador – investidor do mercado imobiliário tradicional?
Como disse no início deste livro, eu sou apaixonado pelo mercado imobiliário tradicional. Então, a resposta é sim. Mas vamos pensar em termos práticos. Imagine que você tem um armário cheio de roupas. Você não precisa escolher entre usar apenas camisas ou calças, certo? A mesma ideia se aplica ao investimento em imóveis e fundos imobiliários. Eles não são exclusivos; você pode investir em ambos.

Você tem imóveis residenciais? Por que não utilizar os fundos imobiliários para expandir e diversificar, investindo também em imóveis comerciais de grande porte e em recebíveis imobiliários? Ou talvez seus imóveis sejam comerciais? Nesse caso, você pode investir em fundos imobiliários que focam em outros segmentos, como logística, saúde, educação. E se você é

CAPÍTULO 4 QUAIS SÃO OS RISCOS E AS REFLEXÕES?

do tipo de investidor que gosta de construir e vender propriedades, os fundos imobiliários que geram renda de locação podem ser uma ótima alternativa.

É claro que investir sempre envolve certos riscos. Às vezes, a renda do aluguel pode diminuir porque um inquilino atrasa o pagamento ou porque o imóvel fica vazio por algum tempo. Outras vezes, você pode precisar fazer uma reforma ou o retorno esperado de um projeto de construção pode ser menor porque houve atrasos. No entanto, também há os momentos positivos, como quando o aluguel aumenta ou o imóvel valoriza.

O mesmo raciocínio se aplica aos fundos imobiliários. A grande vantagem é que, com fundos imobiliários, você tem a oportunidade de investir em segmentos diversos do mercado imobiliário. E mais, vender suas cotas quando quiser é simples e fácil em fundos de boa liquidez, e os rendimentos são isentos de imposto de renda. Portanto, por que não começar devagar, com um pequeno investimento? Isso vai ajudar você a entender como funciona o mercado e a ganhar mais confiança.

Se é para correr risco na renda variável, não é melhor investir em ações pagadoras de dividendos?

Não. A pergunta correta é: por que não os dois? Adicionar fundos imobiliários a uma carteira que já tem ações reduz o risco do seu portfólio sem comprometer o retorno esperado. Além disso, claro, o ponto principal que mencionei no início deste livro: alinhamento dos investimentos com os seus objetivos de vida e, nesse sentido, ações e fundos imobiliários cumprem objetivos diferentes.

Se você já está acostumado com o mercado de ações, a transição para os FIIs será tranquila. Isso porque a mecânica de compra e venda, o recebimento de dividendos (chamados de rendimentos nos FIIs) e o acompanhamento das cotações são bem similares.

No entanto, há duas diferenças notáveis. Primeiro, os rendimentos dos FIIs costumam ser creditados mensalmente na sua conta, diferentemente dos dividendos de ações que podem não ter uma frequência fixa.

Segundo, a volatilidade dos FIIs (a frequência e a magnitude das variações de preço) é menor. Para se ter uma ideia, os FIIs variam, em média, metade do que as ações variam. Para comparar, considere os índices IFIX e IDIV. O IFIX é o índice que representa a performance dos principais FIIs negociados na Bolsa, enquanto o IDIV representa algumas das principais ações pagadoras de dividendos.

Vamos olhar alguns números: o IDIV, que é o índice de ações que pagam dividendos, apresentou um DY médio ponderado de 13,17%, acima da média de 7,03% nos últimos 10 anos.

Por outro lado, o IFIX, que é o índice dos fundos imobiliários, apresentou um DY médio ponderado de 11,08%, também acima de sua média de 7,65% nos últimos 10 anos. Comparando as médias de DY desses índices, o IFIX mantém uma média anual maior que o IDIV e o IBOV: principal indicador de desempenho das empresas listadas na Bolsa de Valores (B3).

Conforme a imagem abaixo, o DY ponderado do IFIX ao término de fevereiro de 2023 foi de 11,26%, superando sua média dos últimos dez anos que foi de 7,81%. Em comparação, o DY ponderado do IDIV atingiu 12,98%, ultrapassando sua média dos últimos dez anos que foi de 7,28% (um valor inferior ao do IFIX). Já o DY do IBOV alcançou 10,12%, influenciado pelos dividendos de Vale e Petrobrás, com média decenal de 4,54%.

Portanto, é perceptível que os FIIs podem ser uma adição valiosa à sua carteira de investimentos, trazendo diversificação e um bom equilíbrio entre risco e retorno.

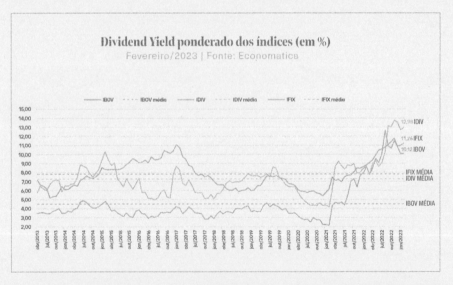

Sobre o IBOVESPA: é o principal indicador de desempenho das ações negociadas na B3 e reúne as empresas mais importantes do mercado de capitais brasileiro. Foi criado em 1968 e consolidou-se como referência para investidores ao redor do mundo. Reavaliado a cada quatro meses, o índice é resultado de uma carteira teórica de ativos. É composto pelas ações de

CAPÍTULO 4 QUAIS SÃO OS RISCOS E AS REFLEXÕES?

companhias listadas na B3 que atendem a determinados critérios, corres-
pondendo a cerca de 80% do número de negócios e do volume financeiro
do nosso mercado de capitais.

https://www.b3.com.br/pt_br/market-data-e-indices/indices/indices-amplos/ibovespa.htm

Sobre o IDIV: o objetivo do IDIV é ser o indicador do desempenho médio
das cotações dos ativos que se destacaram em termos de remuneração dos
investidores, sob a forma de dividendos e juros sobre o capital próprio. É um
índice de retorno total composto exclusivamente de ações de companhias
listadas na B3 que atendem a determinados critérios.

https://www.b3.com.br/pt_br/market-data-e-indices/indices/indices-de-segmentos-e-setoriais/indice-dividendos-idiv.htm

Sobre o IFIX: o objetivo do IFIX é ser o indicador do desempenho médio
das cotações dos fundos imobiliários negociados nos mercados de bolsa e
de balcão organizado da B3. É um índice de retorno total composto exclusivamente por ativos que atendam a determinados critérios.

https://www.b3.com.br/pt_br/market-data-e-indices/indices/indices-de-segmentos-e-setoriais/indice-de-fundos-de-investimentos-imobiliarios-ifix.htm

Os fundos imobiliários superam a inflação, considerando os seus riscos?
Para explorar essa questão de forma mais adequada, vamos realizar uma
simulação que nos permita refletir e, posteriormente, responder à pergunta
com base em dados concretos. A simulação envolverá a seleção de oito
fundos imobiliários distintos, cada um representando diferentes segmentos,
estratégias e geografias dentro do mercado imobiliário.

Os fundos foram escolhidos meticulosamente, com base em uma
combinação de critérios qualitativos e quantitativos, que incluem o desempenho histórico, gestão de risco e a compatibilidade com diferentes perfis
de investidor. Vou aportar R$ 5.000,00 em cada um deles, totalizando um
investimento de R$ 40.000,00.

Essa estratégia de alocação é projetada para fornecer uma visão equilibrada e diversificada do mercado de fundos imobiliários. A composição
final, considerando a distribuição igual de pesos entre cada fundo, está
representada na imagem abaixo. Esta ilustração fornece uma visualização
clara da diversificação e estrutura do portfólio, servindo como ponto de
partida para as análises e comparações subsequentes.

Em primeiro lugar, vou comparar esse portfólio com o CDI. A primeira linha no gráfico seguinte representa o portfólio de fundos imobiliários. Já na segunda linha, temos o CDI, comumente utilizado pelo mercado como um referencial de retorno, já que representa o ativo menos arriscado – uma taxa considerada livre de risco. O resultado dessa comparação pode ser observado na imagem a seguir.

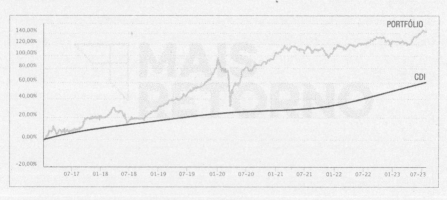

Em segundo lugar, após a comparação com o CDI, vamos direcionar nossa atenção para o portfólio em relação ao IFIX. O IFIX é o índice que reflete o desempenho médio dos fundos imobiliários listados na Bolsa, englobando um universo de mais de cem diferentes fundos.

A nossa análise se concentrará em verificar o impacto que uma seleção criteriosa de ativos pode ter dentro desse amplo espectro. Ao comparar a linha que representa nosso portfólio, com a linha do IFIX, podemos avaliar como a nossa estratégia se destaca ou se alinha com a performance geral do mercado de fundos imobiliários. Os resultados dessa análise comparativa são ilustrados no gráfico a seguir.

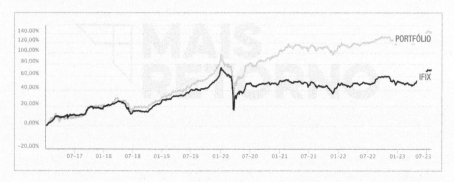

Em terceiro lugar, tendo estabelecido as comparações com o CDI e o IFIX, a análise prossegue para uma exploração mais abrangente, envolvendo o IPCA e o IMAB, que é um índice que reflete a performance de títulos públicos brasileiros atrelados à inflação. Essa fase da simulação amplia nossa perspectiva, adicionando duas dimensões essenciais à avaliação. O IPCA é o Índice Nacional de Preços ao Consumidor Amplo e atua como índice oficial de inflação no Brasil. A sua inclusão na análise nos permite entender como o portfólio de fundos imobiliários se comporta em relação à variação dos preços na economia.

Já o IMAB consiste em uma carteira teórica de títulos públicos indexados à inflação medida pelo IPCA. Esses títulos, conhecidos como Notas do Tesouro Nacional – Série B ou Tesouro IPCA+ com Juros Semestrais (NTNBs), oferecem um parâmetro importante para avaliar o desempenho dos investimentos em um cenário de inflação.

A comparação do nosso portfólio com esses dois índices permite um entendimento mais profundo da performance relativa dos fundos imobiliários selecionados. Ela introduz uma avaliação não apenas em relação ao mercado de fundos imobiliários, mas também em um contexto econômico mais amplo.

O resultado dessa simulação comparativa é visualmente apresentado na imagem a seguir, delineando uma reflexão mais rica e complexa sobre o papel dos fundos imobiliários em uma estratégia de investimento diversificada.

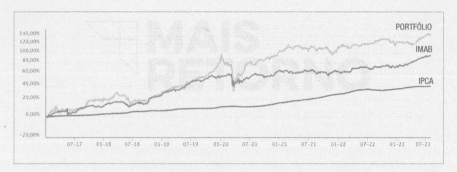

Em termos de rentabilidade histórica, ou seja, ao avaliarmos o retorno bruto do ativo, sem considerar custos de impostos e eventuais taxas específicas de determinadas classes de ativos, o nosso portfólio apresentou um retorno de 106,46% em um período de sessenta meses. Esse número é significativo, especialmente quando comparado com outros índices relevantes durante o mesmo período:

- IDIV (Índice Dividendos): esse índice, que reflete o desempenho das ações mais representativas em termos de remuneração de dividendos, apresentou um retorno acumulado de 96,25%;
- IMAB (Índice de Mercado Anbima): composto por títulos públicos indexados à inflação, o IMAB atingiu 68,35%;
- IBOVESPA: representando as ações mais negociadas na Bolsa de Valores do Brasil, o IBOVESPA chegou a 53,77%;
- IFIX (Índice de Fundos de Investimentos Imobiliários): esse índice, específico para fundos imobiliários, apresentou 48,78%; e
- IPCA (Índice Nacional de Preços ao Consumidor Amplo): medindo a inflação oficial do país, o IPCA registrou um aumento de 31,70%.

CAPÍTULO 4 QUAIS SÃO OS RISCOS E AS REFLEXÕES?

Esses números, colocados lado a lado, fornecem uma imagem rica do desempenho do nosso portfólio em relação a outros investimentos e ao cenário econômico mais amplo. A análise destaca não apenas a rentabilidade absoluta do portfólio, mas também a sua colocação dentro do contexto diversificado do mercado financeiro brasileiro.

Com um entendimento claro da rentabilidade histórica, vamos analisar também o índice *Sharpe*, uma métrica que ajuda na percepção do desempenho de um investimento. Esse índice é particularmente útil na mensuração da relação entre o risco do investimento e o seu retorno, considerando tanto a volatilidade do investimento quanto o retorno esperado acima da taxa livre de risco.

Quanto maior o *Sharpe*, melhor é o ajuste do retorno ao risco, indicando que um investidor está recebendo mais retorno para cada unidade de risco assumida. De modo geral, um *Sharpe* acima de 0,5 é visto como adequado e reflete uma gestão de risco eficiente.

No período analisado, os resultados foram os seguintes:

- Nosso Portfólio: com um *Sharpe* de 0,69, nosso portfólio demonstra um desempenho robusto, equilibrando bem retorno e risco.

- IMAB: com 0,43, o IMAB mostra uma relação risco-retorno razoável.

- IDIV: o índice de 0,28 indica uma recompensa menor para o risco no IDIV.

- IBOVESPA: com apenas 0,16, o IBOVESPA revela uma eficiência muito menor na relação risco-retorno.

- IFIX: o IFIX, com 0,11, tem o menor índice *Sharpe*, sinalizando a menor eficiência na gestão de risco e retorno dentre os comparados.

Essa análise do índice *Sharpe* fornece uma visão crítica da eficácia do nosso portfólio em relação a outros índices significativos, ilustrando como o retorno é alcançado em relação ao risco. A partir disso, podemos avaliar se a estratégia de investimento adotada esta alinhada com as expectativas e tolerância ao risco, e como as características do ativo se relacionam ou se comunicam com os nossos objetivos de vida.

Antes de concluirmos, é relevante fazer uma comparação com o referencial "IPCA + 6%", que é amplamente utilizado no mercado financeiro, principalmente como uma métrica de retorno em diversos investimentos. Essa comparação é fundamental para entender a rentabilidade e o risco de diferentes opções de investimento e, por isso, é uma parte importante da análise financeira.

O "IPCA + 6%" representa uma taxa de juros composta pela inflação (medida pelo IPCA) acrescida de uma taxa fixa de 6% ao ano. É uma forma comum de estruturar a remuneração em títulos públicos e outras formas de investimentos, e serve como uma espécie de *benchmark* (referência) para a comparação com outras opções de investimento.

Na imagem a seguir, você encontrará uma demonstração gráfica que ilustra o comportamento do "IPCA + 6%" em comparação com o nosso portfólio.

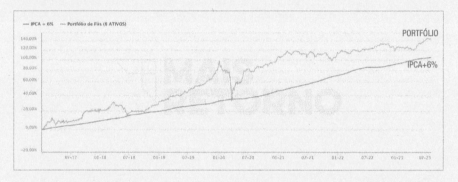

Nosso portfólio apresentou um retorno próximo ao do "IPCA + 6%". No entanto, a relação do risco-retorno do "IPCA + 6%" foi melhor dentro da janela de tempo.

Mas o que tudo isso realmente significa para um investidor?

Isso implica que os fundos imobiliários sempre renderão mais? Certamente não. Quer dizer que devemos investir analisando apenas o índice *Sharpe*? Não. Significa que os fundos imobiliários são melhores que ações ou títulos indexados à inflação? A resposta é, novamente, negativa. E isso definitivamente também não significa que devemos investir em fundos imobiliários sem considerar outras opções, sem combiná-las numa cesta de frutas ou como na formação de um time de futebol, que precisa estar bem entrosado para produzir os melhores resultados em campo.

Embora os fundos imobiliários possam apresentar retornos interessantes, eles não garantem necessariamente uma performance superior a outras opções de investimento. A questão inicial – se os fundos imobiliários superam a inflação – é complexa e não encontra uma resposta simples ou única. Sim, em alguns casos, eles podem exceder a inflação, mas essa

CAPÍTULO 4 QUAIS SÃO OS RISCOS E AS REFLEXÕES?

informação, isoladamente, não é suficiente para fundamentar uma decisão de investimento.

Portanto, em vez de buscar uma resposta definitiva e simplista, devemos reconhecer que comparar diferentes opções de investimento é um exercício complexo e, tal como comparar carnes e frutas, muitas vezes sequer faz sentido, pois cada uma tem suas próprias características, seus benefícios e seus riscos. A verdadeira jornada aqui é compreender os fundos imobiliários e como eles podem se alinhar ou não com a nossa estratégia individual.

Essa é uma tarefa que requer não apenas reflexão, mas também educação contínua. Fundos imobiliários podem ser uma opção válida a considerar, mas não são uma solução única ou mágica. A decisão deve ser fundamentada na análise do mercado, das tendências econômicas e, principalmente, dos objetivos e perfil de risco do investidor.

Em resumo, os fundos imobiliários podem ser uma parte valiosa de um portfólio bem diversificado, mas a decisão de investir neles deve ser cuidadosamente ponderada e alinhada com uma estratégia financeira bem definida e personalizada. Enquanto eles podem oferecer retornos atrativos em certos cenários, sua performance varia e deve ser considerada dentro de um contexto mais amplo.

Considerando os riscos dos fundos imobiliários, faz sentido investir para gerar uma renda adicional ou complementar para a aposentadoria?
Independentemente da sua idade, é interessante considerar os fundos imobiliários como uma estratégia para sua aposentadoria. Esses fundos podem servir como uma fonte de renda constante, especialmente se escolher uma carteira diversificada de fundos que investem em ativos de qualidade.

Vamos dividir isso em duas fases. Primeiro, na fase de acumulação de patrimônio, quando se é mais jovem, os rendimentos que você obtém com os FIIs podem ser reinvestidos. Isso permitirá que você aproveite a mágica dos juros compostos, fazendo com que o seu dinheiro cresça exponencialmente ao longo do tempo.

Depois, quando chegar à aposentadoria, você pode começar a usar esses rendimentos. Em outras palavras, o dinheiro que você acumulou e fez crescer durante a fase de acumulação pode agora ser usado como uma fonte de renda complementar. Além disso, vale ressaltar que o patrimônio investido em bons fundos imobiliários tende a valorizar ao longo do tempo.

Embora não exista garantia de valorização, é razoável esperar que imóveis comerciais de alta qualidade, localizados nas principais cidades, se bem administrados, tenham potencial de valorização.

Agora, se você já está aposentado e trabalhou duro para construir seu patrimônio, o foco deve ser a preservação desse patrimônio. Nesse sentido, os FIIs podem ser uma opção interessante. Como vimos aqui, ao investir em FIIs, você está assumindo riscos semelhantes (e muitas vezes menores) aos de investir diretamente em imóveis.

Conhecendo esses riscos, e tendo eles em mente, é perfeitamente viável investir parte do seu patrimônio em FIIs como estratégia de geração de renda. Uma carteira bem diversificada, incluindo fundos mais conservadores, pode ser adequada para o seu perfil. Assim, você terá a chance de gerar uma renda complementar e relativamente estável para a sua aposentadoria.

Por que os FIIs são recomendados para quem deseja gerar uma renda passiva ou complementar sua renda existente?

Os FIIs são frequentemente recomendados para quem deseja gerar uma renda passiva ou complementar sua renda existente. As razões para isso são multifacetadas e algumas podem ser detalhadas da seguinte maneira:

- Menor variação na distribuição de dividendos em comparação com as ações: ao contrário das ações, cujos dividendos podem oscilar significativamente devido às condições voláteis do mercado e às operações da empresa, os FIIs tendem a oferecer pagamentos de dividendos mais estáveis e previsíveis. Isso se deve ao fato de que os FIIs investem em ativos imobiliários que normalmente geram fluxos de caixa consistentes por meio de receitas imobiliárias. Essa estabilidade permite aos investidores uma renda mais segura e regular.

- Maior previsibilidade no pagamento de dividendos: essa característica dos FIIs fortalece a capacidade do investidor de planejar seu orçamento com mais eficácia. Sabendo que pode contar com uma renda relativamente estável e recorrente, muitas vezes em base mensal, o investidor tem mais facilidade para estruturar suas finanças. Isso se traduz em maior conforto e segurança financeira, o que é particularmente valioso para quem busca complementar a renda existente ou garantir uma aposentadoria tranquila.

- Investimento sem uma data prevista para vencimento: os FIIs se distinguem de alguns investimentos de renda fixa, nos quais o investidor precisa monitorar constantemente as datas de vencimento e procurar novos ativos para investir quando os títulos vencem. Com os fundos imobiliários, os investimentos são feitos uma única vez, eliminando a necessidade de gestão contínua de prazos e permitindo um foco mais a longo prazo. Essa simplicidade de gestão torna os FIIs uma opção atraente para aqueles que buscam uma abordagem de investimento mais "compre, monitore qualidade e esqueça", ideal para gerar renda passiva ao longo do tempo.

Considerando os riscos dos fundos imobiliários, quantos fundos eu precisaria ter para considerar meu portfólio de investimentos diversificado?
Uma questão frequente no mundo dos investimentos é sobre a quantidade ideal de fundos imobiliários a se ter para uma diversificação adequada. A resposta pode parecer simples, mas varia muito de pessoa para pessoa. Enquanto alguns investidores se sentem confortáveis em gerir muitos FIIs simultaneamente, outros ficam preocupados e preferem ter uma quantidade menor. Vamos, então, responder outras perguntas para ajudar você a entender isso com mais clareza.

- Ter poucos fundos imobiliários é seguro? Alguns argumentam que ter muitos FIIs é impraticável, pois se torna difícil acompanhar tudo. A realidade, no entanto, mostra que ter menos fundos pode, na verdade, aumentar o risco e o prejuízo quando algo dá errado.

- Acompanhar significa saber tudo o que vai acontecer? Muitos pensam que acompanhar significa apenas olhar cotações ou rendimentos. No entanto, ler os relatórios mensais é essencial, algo que muitos negligenciam.

- Mas qual seria uma quantidade referencial? Em diversas pesquisas que realizei, observei que a maioria dos bons portfólios de investimentos tem, em média, entre oito e quinze fundos imobiliários. Há uma crescente preocupação com carteiras pouco diversificadas, e a diversificação é frequentemente encorajada.

No entanto, é importante entender que não existe um número mágico que funcione para todos. O número certo de fundos dependerá de suas metas financeiras, tolerância ao risco, horizonte de investimento e capacidade de gerenciamento.

Se você for novo no investimento em fundos imobiliários, pode ser benéfico começar com um número menor e aumentar gradualmente à medida que ganha mais confiança e experiência. Se estiver incerto, considerar a ajuda de um profissional de investimentos que possa avaliar suas circunstâncias individuais pode ser uma abordagem sábia.

Lembre-se que a diversificação não se limita apenas ao número de fundos, mas também à qualidade e ao tipo de fundo. Uma diversificação bem planejada considera vários fatores, incluindo o setor imobiliário (como comercial, residencial, logístico), a localização geográfica, a quantidade de ativos em cada fundo etc.

Em resumo, enquanto a diversificação é importante, o foco deve ser tanto na quantidade quanto na qualidade dos fundos. Entender seus objetivos e necessidades individuais e trabalhar dentro desses parâmetros ajudará você a construir uma carteira diversificada que esteja alinhada ao seu perfil de investidor.

Exercício Prático: compreender os riscos associados a um investimento em FIIs por meio da análise de um caso real.

Instruções:

- Seleção de um Fundo Imobiliário: escolha um fundo imobiliário de sua preferência ou utilize um fundo conhecido no mercado como estudo de caso.

- Pesquisa de Eventos Significativos: identifique um evento ou período específico no qual o fundo enfrentou dificuldades. Pode ser uma crise econômica, uma mudança regulatória, problemas com um imóvel específico no portfólio ou algo semelhante.

Análise do Evento:

- Descreva detalhadamente o evento, incluindo data, natureza do problema e o contexto geral.

- Impacto no Fundo: avalie como o evento afetou o fundo, considerando aspectos como desempenho financeiro, valorização/desvalorização do ativo e mudanças na distribuição de dividendos.

- Resposta do Gestor: investigue como o gestor do fundo respondeu ao evento. Houve mudanças na estratégia? A comunicação com os investidores foi clara e transparente?

Reflexão Pessoal:

- O que você pode aprender com esse evento?

- Como isso informa sua compreensão dos riscos associados aos FIIs?

- Como você aplicaria essas lições ao considerar investir em FIIs?

- Quais estratégias você usaria para mitigar riscos semelhantes?

CAPÍTULO 5

COMO DAR O PRIMEIRO PASSO?

Chegou o momento de colocar em prática todo o conhecimento adquirido até aqui e dar o primeiro passo em direção ao investimento em Fundos de Investimento Imobiliário (FIIs). Sabemos que, para quem ainda é iniciante no assunto, pode parecer um tanto complexo saber como começar a investir, mas quero tranquilizar você, pois farei aqui um passo a passo simples para ajudar nessa jornada.

Neste capítulo, estou ansioso para compartilhar com você um guia prático e direto ao ponto, que vai te ensinar a iniciar seus investimentos em fundos imobiliários. Está pronto para dar esse grande passo e começar a investir? Então vamos lá!

Nota: estou escrevendo um novo livro sobre fundos imobiliários, incluindo o processo completo de seleção, avaliação e diversificação.

1º PASSO: escolhendo uma corretora e abrindo uma conta pelo aplicativo

Para começar a investir em fundos imobiliários, o primeiro passo é abrir uma conta em uma Corretora de Valores. Essas instituições são intermediárias autorizadas pelo Banco Central e pela Comissão de Valores Mobiliários (CVM) que facilitam a negociação de ativos financeiros.

Bancos também podem oferecer essa opção, mas tendem a ter custos mais elevados. Por isso, vale a pena considerar o uso de uma Corretora de Valores. Há alguns fatores que devem ser considerados, mas o mais importante é o custo operacional e de manutenção, como a taxa de custódia e a taxa de corretagem.

Vamos falar um pouco sobre a taxa de corretagem. Esse é um valor cobrado pela corretora a cada operação de compra ou venda que você realiza. Recomendamos que essa taxa não ultrapasse 0,70% do valor que você está planejando investir. Por exemplo, se você deseja investir R$ 1.000,00, então a taxa de corretagem não deve exceder R$ 7,00.

No entanto, atualmente, várias corretoras não cobram taxa na compra e venda de fundos imobiliários – não esqueça de perguntar isso antes de investir! Lembre-se, escolher a corretora certa é uma parte essencial da sua jornada de investimentos. É importante fazer sua pesquisa e considerar todas as opções antes de tomar sua decisão.

Na minha opinião, as duas melhores corretoras são a XP Inc. e o BTG Pactual. No passado, eu fundei um escritório da XP, antes mesmo da empresa abrir capital na Bolsa de Valores. Hoje, estou no BTG Pactual. Mas não tenho preferência. As duas são excelentes. Escolha uma delas e abra a sua conta baixando o aplicativo no seu celular.

Uma vez escolhida a corretora, o processo é muito simples, bastando baixar o aplicativo para preencher os dados e realizar a abertura de sua conta gratuita de investimentos.

2º PASSO: enviando dinheiro para a sua corretora

Após abrir a sua conta na corretora, você precisará transferir o dinheiro que pretende investir. Não se preocupe se o valor que você tem para começar é muito ou pouco. O mais importante é começar. As corretoras requerem que essa transferência seja feita via transferência bancária (TED ou Pix).

Para realizar a transferência, basta entrar em contato com o escritório de investimentos responsável pelo seu atendimento junto à corretora, que pode guiá-lo por cada etapa do processo. No entanto, em regra, todos os dados que você precisa para começar a investir estarão no próprio aplicativo. Então, para os mais familiarizados com a tecnologia, o processo será ainda mais fácil.

É recomendável que você inicie seus investimentos em fundos imobiliários com um valor bem baixo. Compre uma ou duas cotas, no máximo, apenas para entender como funciona a dinâmica e se sentir mais seguro. A partir daí, você pode continuar aportando o quanto conseguir regularmente. Mas é importante começar devagar para ir se familiarizando com essa opção de investimento.

CAPÍTULO 5 COMO DAR O PRIMEIRO PASSO?

Por fim, antes de transferir o seu dinheiro, não se esqueça de conferir se a corretora que você escolheu está devidamente credenciada e autorizada pela CVM, órgão regulador do mercado financeiro no Brasil.

3º PASSO: comprando cotas de um fundo imobiliário

Agora que você entendeu os conceitos básicos, já tem sua conta em uma corretora de valores e já transferiu o dinheiro que pretende investir, é hora de dar o próximo passo: realizar a compra de seu primeiro fundo imobiliário.

Esse é um momento importante e a operação deve ser realizada com cuidado e atenção. Para comprar um fundo imobiliário, você terá duas opções principais: realizar a compra por conta própria por meio da plataforma de negociação da sua corretora (também conhecida como *home broker*), ou solicitar auxílio ao escritório de investimentos ao qual sua conta está vinculada.

Se você optar pela primeira opção, é muito importante que esteja familiarizado com a plataforma de negociação. Nela, você encontrará informações sobre fundos disponíveis, preços das cotas, rendimentos passados, entre outros dados.

Será necessário digitar o código do fundo (*ticker*) que deseja comprar. Exemplo: MXRF11, KISU11, HGLG11 etc. Depois, basta informar a quantidade de cotas e o preço que está disposto a pagar. A minha sugestão é que você compre apenas uma cota para entender como funciona o processo.

No entanto, se você está prestes a fazer sua primeira compra e se sente um pouco inseguro, a segunda opção pode ser a melhor escolha. A equipe do escritório de investimentos poderá lhe oferecer orientações sobre como escolher o fundo adequado ao seu perfil de investidor e aos seus objetivos financeiros, além de acompanhar de perto suas primeiras movimentações no mercado.

Nesse caso, você poderá solicitar que o escritório de investimentos envie as ordens de compra para você. Assim, você receberá uma notificação pelo aplicativo da corretora para aprovar a transação. Isso facilita o processo, especialmente para aqueles que estão iniciando sua jornada no mundo dos investimentos. Independentemente do caminho que você escolha, lembre-se: o objetivo é construir um portfólio que se alinhe aos seus objetivos de vida. Com paciência e estudo, você se tornará cada vez mais confiante e apto para tomar suas próprias decisões de investimento.

FUNDOS IMOBILIÁRIOS | DE UMA FORMA QUE NINGUÉM NUNCA EXPLICOU

4º PASSO: o relatório gerencial

Agora que você compreende o processo básico de investimento em fundos imobiliários e já deu os primeiros passos, é o momento de se aprofundar na análise de fundos específicos que podem se alinhar aos seus objetivos e perfil de investidor.

O Relatório Gerencial é uma ferramenta fundamental nessa análise. Vamos olhar para dois tipos de fundos imobiliários como exemplo (importante destacar que este livro possui objetivo educacional, e alguns fundos são utilizados com uma finalidade meramente didática): um fundo imobiliário de shopping (XPML11) e um fundo imobiliário de logística (ALZR11).

XPML11

Consultando a plataforma *Funds Explorer* (indicada no primeiro capítulo), podemos verificar que o fundo imobiliário "XPML" investe predominantemente em shoppings e centros comerciais, seja por meio de CRIs ou diretamente nos ativos físicos.

Esse fundo pode oferecer uma boa relação risco-retorno, especialmente em um momento que as pessoas estão valorizando ambientes seguros em que podem realizar mais de uma atividade para otimizar o tempo (alimentação, compras, academia etc).

Liquidez Média Diária	Último Rendimento	Dividend Yield
8,7 M	R$ 0,83	8,62 %
		últ. 12 meses

Patrimônio Líquido	Valor Patrimonial	Rentab. no mês
R$ 2,5 B	R$ 98,46	1,29 %
	por cota	

P/VP
1,11

Dados na data em que o livro foi redigido.

Informações Básicas do XPML11

Razão Social	CNPJ	Data de constituição do fundo
XP Malls	28.757.546/0001-00	27/12/2017
Nome Pregão	**Público alvo**	**Segmento**
XP Malls	Investidores em Geral	Shoppings
Segmento ANBIMA	**Cotas emitidas**	**Número de cotistas**
Shoppings	25.117.345	325.070
Tipo de gestão	**Prazo de duração**	**Tipo ANBIMA**
Ativa	Indeterminado	Renda

Performance: dividendos e DY

A performance do XPML11 em 2023 mostra uma alta de 14,06%. A cotação começou o ano na casa dos R$ 95,47 e atualmente está em R$ 108,89. As imagens a seguir representam graficamente o histórico de dividendos do XPML11. Em junho de 2023, a gestora anunciou a distribuição de R$ 0,81[2] por cota, com pagamento em 23/06/2023 para os detentores de cotas nesta data.

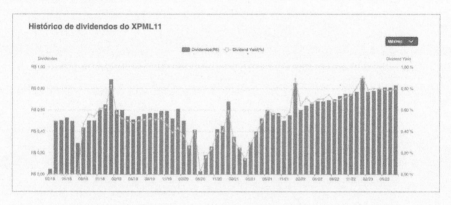

Na próxima imagem, temos a representação gráfica do histórico das cotações do XPML11, ou seja, do comportamento do preço das suas cotas ao longo do tempo. O gráfico nos permite visualizar o comportamento do preço de agosto de 2018 até junho de 2023. Um comparativo simplificado também demonstra o que teria acontecido com o dinheiro se o investidor tivesse optado pela poupança: no fundo, teria rendido R$ 59.307,65, enquanto na poupança, apenas R$ 53.000,00.

---

2   Valor do rendimento por cota de R$ 0,81.

FUNDOS IMOBILIÁRIOS | DE UMA FORMA QUE NINGUÉM NUNCA EXPLICOU

Conforme previsto no regulamento deste fundo, a gestora deverá distribuir no semestre um montante igual ou superior a 95% dos lucros apurados segundo o regime de caixa, evidenciando, assim, conformidade da política de distribuição de rendimentos do fundo com a legislação vigente (Art. 10 da Lei 8.668/93) que determina a distribuição de, no mínimo, 95% do resultado financeiro semestral.

Fluxo Financeiro

Em relação às receitas de locação do fundo, estas consideram o resultado operacional líquido dos empreendimentos do portfólio, isto é, a receita bruta (aluguel mínimo, aluguel variável, mall, mídia, receitas comerciais e estacionamento) menos os custos operacionais (auditoria de lojas, taxas de prestação de serviços, honorários advocatícios, aportes condominiais, fundo de promoção etc).

Considera também eventuais adiantamentos e ajustes que tenham composto os rendimentos distribuídos. Os lucros imobiliários, por sua vez, consistem na diferença entre valor de venda e valor de compra de ativos imobiliários, incluindo investimentos em benfeitorias. A receita obtida pelo fundo são os rendimentos distribuídos, os ganhos e as perdas de capital.

Por fim, as despesas operacionais e financeiras. As despesas operacionais são aquelas relacionadas propriamente ao fundo, incluindo taxa de administração, custódia, gestão e escrituração, assessoria técnica, imobiliária e contábil, honorários advocatícios, taxas dos órgãos competentes (CVM, SELIC, CETIP e B3), entre outras. Já as despesas financeiras dizem respeito aos encargos do fundo com os CRIs do portfólio. Para facilitar o entendimento, observe na imagem a seguir o fluxo financeiro do fundo:

Fluxo Financeiro	Mai-23	Ano	12 meses
Receitas[2]	20.927.548	101.748.772	230.249.339
Receita Imobiliária	19.643.888	81.907.337	200.747.558
Lucro Imobiliário	0	11.155.865	11.155.865
Receitas FII	773.588	3.857.466	7.957.652
Receita Renda Fixa	510.072	4.828.104	10.388.264
Despesas[3]	-3.609.986	-19.350.553	-43.000.094
Despesas Operacionais	-1.805.332	-8.236.946	-18.420.933
Despesa Financeira	-1.804.653	-11.113.606	-24.579.162
Reserva de Contingência[4]	0	0	0
Resultado	17.317.562	82.398.219	189.429.705
Rendimento distribuído	17.264.420	84.616.973	185.636.823
Distribuição média / cota	0,81	0,79	0,77
Rendimento distribuído a Direitos de Preferência de Ofertas concluídas	0	0	2.075.543

Relatório Gerencial do XPML11

Ao abrir o relatório gerencial de XPML11, o investidor se depara com uma riqueza de informações, desde os shoppings que o fundo possui até detalhes como CNPJ, patrimônio líquido e foco de atuação. Além disso, o relatório inclui:

- Objetivo do fundo: gerar renda por meio da exploração imobiliária de shopping centers, bem como o ganho de capital, mediante a compra e venda de shopping centers, conforme detalhado no Regulamento do Fundo.
- Início do Fundo: 28/12/2017; CNPJ: 28.757.546/0001-00; Código B3: XPML11.
- Patrimônio Líquido: R$ 2.098.002.887; Quantidade de Cotistas: 324.789.
- Foco de Atuação: FII de Renda Gestão Ativa – Shopping Centers.
- Gestor: XP Vista Asset Management.
- Administrador: XP Investimentos CCTVM S.A.
- Taxa de Administração: 0,75% a.a.
- Taxa de Performance: 20% do que exceder IPCA + 6,0% a.a.
- *Benchmark* ou Referência: IPCA + 6,0% a.a.

Palavra do Gestor e Informações Relevantes

Em seguida, o relatório apresenta os comentários do gestor sobre o cenário macroeconômico e as influências de eventos microeconômicos. Depois disso, o relatório traz mais dados e informações relevantes sobre os seguintes assuntos:

- Distribuição de dividendos.
- Fluxo financeiro do fundo.
- Dados de novas emissões.
- Resultados financeiros.
- Evolução do valor da cota do fundo.
- Volume médio diário de negociação.
- Liquidez – observe que interessante: no mês de julho de 2023, ocorreram 1,3 milhão de negociações, movimentando um volume de aproximadamente R$ 136 milhões. A liquidez média diária, de R$ 6,4 milhões, foi 33,7% acima da verificada no mês anterior.
- Rentabilidade.

- Carteira de ativos – observe a carteira do fundo a seguir.

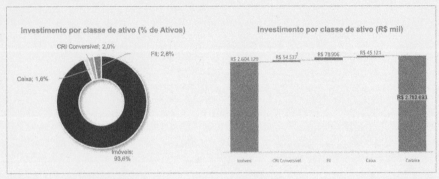

Portfólio do Fundo

O fundo, portanto, possui investimentos em CRIs, em outros fundos e em imóveis físicos (shoppings). São quatro CRIs:

1) CRI Catarina Fashion Outlet: IPCA + 7,30 % (a.a.).
2) CRI Shopping Cidade Jardim: IPCA + 7,30 % (a.a.).
3) CRI Shopping Bahia: IPCA + 6,87 % (a.a.).
4) CRI Shopping Bahia: CDI + 2,75 % (a.a.).

A carteira do fundo, em maio de 2023, era composta por mais de 10 shopping centers, os quais possuíam, em conjunto, uma Área Bruta Locável (ABL) de aproximadamente 520 mil metros quadrados e mais de 2.500 lojas. A ABL Própria do fundo, por sua vez, totalizou no mês mais de 135.000 mil metros quadrados.

Os dois gráficos a seguir ilustram a diversificação do portfólio do fundo, destacando a contribuição para a receita operacional, por administradores administradores e por região do país.

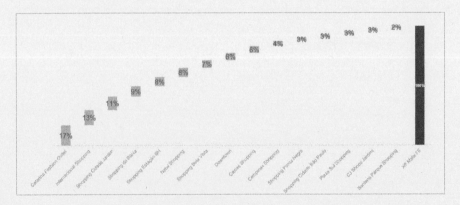

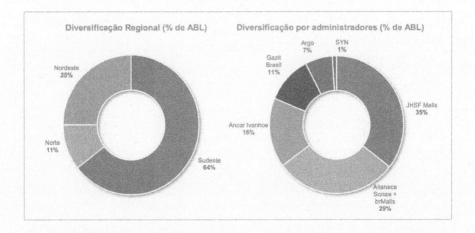

Relação de Ativos do Fundo

Por fim, o relatório gerencial também apresenta todos os ativos do fundo e as suas respectivas informações:

O relatório gerencial[3] é uma ferramenta fundamental para qualquer investidor, fornecendo uma visão abrangente da performance, riscos, oportunidades e estrutura do fundo. No exemplo do XPML11, os investidores podem obter uma imagem clara do potencial do fundo, bem como sua adaptação às tendências atuais do mercado, como o crescimento do comércio eletrônico.

Mais um exemplo: ALZR11

Vejamos agora o fundo imobiliário de logística "ALZR", que investe predominantemente em galpões e centros logísticos. Esse fundo também pode oferecer uma boa relação risco-retorno, especialmente em uma era de crescimento do comércio eletrônico. Vejamos alguns dados desse fundo por meio da plataforma "Funds Explorer" (indicada no primeiro capítulo):

---

3   Você pode acessar muito facilmente o relatório gerencial e outras informações utilizadas nesse exemplo (XPML11) acessando os seguintes *sites* (informações públicas e gratuitas): https://www.fundsexplorer.com.br/funds/xpml11 e https://fnet.bmfbovespa.com.br/fnet/publico/exibirDocumento?id=488139&cvm=true.

Informações Básicas do ALZR11

Razão Social Alianza Trust Renda Imobiliária	CNPJ 28.737.771/0001-85	Data de constituição do fundo 27/12/2017
Nome Pregão Alianza Trust Renda Imobiliária	Público alvo Investidores em Geral	Segmento Misto
Segmento ANBIMA Híbrido	Cotas emitidas 9.860.406	Número de cotistas 135.095
Tipo de gestão Ativa	Prazo de duração Indeterminado	Tipo ANBIMA Renda

Liquidez Média Diária 2,9 M	Último Rendimento R$ 0,83	Dividend Yield 12,21 % últ. 12 meses
Patrimônio Líquido R$ 1,1 B	Valor Patrimonial R$ 106,69 por cota	Rentab. no mês 1,99 %
P/VP 1,11		

Performance: dividendos e DY

A performance do ALZR11 em 2023 mostra uma alta de 4,24%. A cotação começou o ano na casa dos R$ 113,00 e atualmente está em R$ 117,79. As imagens a seguir representam graficamente o histórico de dividendos do ALZR11 e a evolução dos dividendos pagos ao longo do tempo. O atual dividendo foi de R$ 0,83 por cota, com um *Dividend Yield* de 0,70% com base na cotação de R$ 117,80.

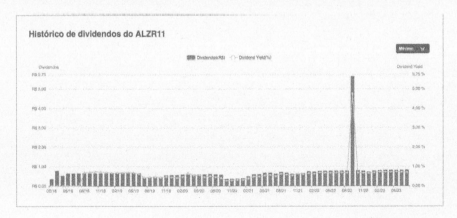

A imagem a seguir apresenta o gráfico do histórico das cotações do ALZR11, ilustrando o comportamento do preço das suas cotas de agosto de 2018 a junho de 2023. Este gráfico nos oferece uma visão clara da evolução dos preços ao longo desse período.

Para contextualizar o desempenho desse investimento, um comparativo simplificado revela o resultado se o investidor tivesse escolhido a poupança: no caso do fundo ALZR11, teria obtido um rendimento de R$ 57.406,63, enquanto na poupança o valor teria sido de apenas R$ 53.000,00.

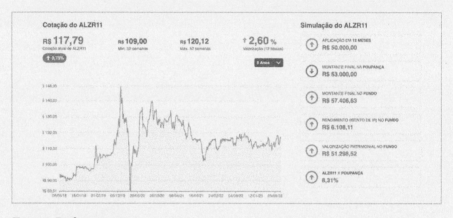

Fatos Relevantes

Em setembro de 2022, foi registrado um pagamento atípico de R$ 5,57 por cota pelo fundo. O que teria levado a essa ocorrência? Para entender a natureza desse evento incomum, é imprescindível consultar o relatório gerencial ou o anúncio do fato relevante daquela época, onde a gestora detalha e explica esse acontecimento.

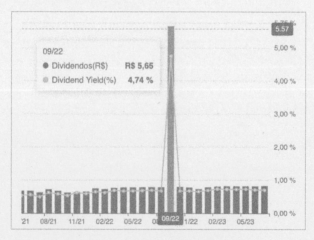

Aqui está o anúncio[4]:

"Em 09/09, tivemos a satisfação de anunciar (Fato Relevante) que o fundo concluiu a venda do imóvel Clariant. Essa operação confirma importante tese do Fundo, de não apenas permitir excelente renda com alta previsibilidade no mês-a-mês, mas também de ter ativos de elevado valor imobiliário, com potencial geração de valor adicional aos nossos cotistas. Será distribuído nesse momento um resultado extraordinário de R$ 28,9 milhões aos cotistas de ALZR11. O valor a ser distribuído representa o lucro apurado na transação, resultado do montante obtido na venda subtraído de todos os custos de aquisição, incluindo diligências ITBI, dentre outros. Este Lucro Caixa gerado representa um retorno aproximado de 51% em 19 meses investidos no ativo, fruto da gestão ativa praticada no ALZR (...)".

Relatório Gerencial: ALZR11

Ao analisar o relatório gerencial de ALZR11, o investidor encontra uma vasta gama de informações. Esses dados abrangem desde a lista de ativos que o fundo possui até detalhes específicos, como CNPJ, patrimônio líquido e foco de atuação. Adicionalmente, o relatório inclui outras informações pertinentes que auxiliam na compreensão completa do perfil e desempenho do fundo ao longo dos anos. Vejamos:

Objetivo do Fundo: investimento em propriedades para renda por contratos de locação atípicos (*Built-To-Suit* e *Sale&Leaseback*).

- Início do Fundo: 04/01/2018; CNPJ: 28.737.771/0001-85.

- Código B3: ALZR11; Patrimônio Líquido: R$ 1.051.986.451,99.

- Quantidade Cotistas: 135.095.

- Gestor: Alianza Gestão de Recursos Ltda.

- Administrador: BTG Pactual Serviços Financeiros S.A. DTVM.

- Taxa de Gestão: 0,70% a.a.

- Taxa de Escrituração: 0,05% a.a.

- Taxa de Administração: 0,20% a.a.

- Taxa de Performance: 20% do que exceder IPCA + 6,0% a.a.

- *Benchmark* ou Referência: IPCA + 6,0% a.a.

---

4   Fato Relevante: https://alzr11.alianza.com.br/Download.aspx?Arquivo=LUAc4DrYrRzkCx0p5GKlaw==&IdCanal=ZUXuvYqqsD7BlgGwmkMoxg==.

FUNDOS IMOBILIÁRIOS | DE UMA FORMA QUE NINGUÉM NUNCA EXPLICOU

Palavra do Gestor e Informações Relevantes

O relatório, em seguida, aborda os comentários do gestor acerca do cenário macroeconômico, considerando tanto as influências de fenômenos microeconômicos quanto os impactos de eventos importantes. Subsequentemente, o documento fornece dados e informações adicionais, relevantes para a compressão dos seguintes temas:

- Caixa e valores mobiliários e potenciais novas aquisições.
- Rendimentos referentes ao mês de junho de 2023.
- Demonstração de resultados.
- Distribuições de Rendimentos (R$/cota).
- Componentes do Resultado Caixa do mês (R$/Cota).
- Obrigações futuras.
- Liquidez – observe que interessante: no mês de julho de 2023, ocorreram 1,3 milhão de negociações, movimentando um volume de aproximadamente R$ 136 milhões. A liquidez média diária, de R$ 6,4 milhões, foi 33,7% acima da verificada no mês anterior.

É fundamental destacar que todos os ativos do fundo foram negociados dentro do escopo de contratos de locação atípicos, que divergem das convenções tradicionais. As ilustrações subsequentes apresentam uma análise detalhada e organizada dos aluguéis recebidos pelo fundo, refletindo o impacto desses acordos.

Portfólio do Fundo

Nesta seção, encontramos uma série de informações sobre a geração de receita do fundo, como proporção dos aluguéis recebidos por empreendimento e por setores de atuação dos locatários, e ocupação e prazo médio para o vencimento dos contratos.

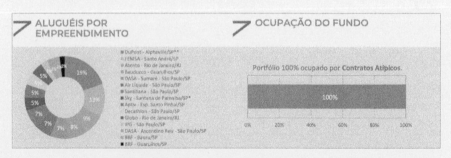

As imagens subsequentes apresentam informações essenciais sobre a negociação do fundo, incluindo volume de transações, variações percentuais, número de cotistas, um histórico detalhado dos dividendos por cota pagos aos cotistas, liquidez, entre outros fatores. Adicionalmente, elas também destacam a rentabilidade histórica do fundo, fazendo uma comparação direta com os índices IFIX e CDI.

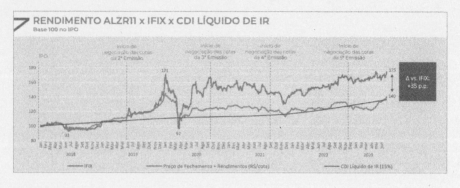

Relação de Ativos do Fundo

Em conclusão, o relatório gerencial detalha todos os ativos do fundo e as suas respectivas características, fornecendo uma visão abrangente e precisa do portfólio.

CAPÍTULO 5 COMO DAR O PRIMEIRO PASSO?

Sky
Santana de Parnaíba - SP

Classe de Imóvel	Data Center	Tipo de Contrato de Locação	Atípico
Localização	Tamboré – Sant. de Parnaíba/SP	Ocupação do Imóvel	100%
Participação no Imóvel	100% (através do Fundo Alianza Digital Realty FII)	Valor Bruto do Aluguel Vigente	R$ 350.191
		Vencimento	Março/2036
Área Bruta Locável	4.027 m²	Mês de Reajuste	Abril
Área do Terreno	19.814 m²	Índice de Reajuste	IPCA

Coca-Cola FEMSA
Santo André - SP

Classe de Imóvel	Centro de Distrib. Log.	Ocupação do Imóvel	100%
Localização	Santo André/SP	Valor do Aluguel Vigente	R$ 787.871
Participação no Imóvel	100%	Vencimento	Outubro/2033
Área Bruta Locável	12.753 m²	Mês de Reajuste	Setembro
Área do Terreno	36.740 m²	Índice de Reajuste	IPCA
Tipo de Contrato de Locação	Atípico	Ocupação do Imóvel	100%

Portfólio de Imóveis
(clique nas fotos ou nos nomes dos ativos para mais detalhes)

Atento
Rio de Janeiro - RJ

Classe do Imóvel	Edifício Comercial Monousuário	Ocupação do Imóvel	100%
Localização	Del Castilho – Rio de Janeiro/RJ	Valor do Aluguel Vigente	R$ 541.606
Participação no Imóvel	100%	Vencimento	Julho/2026
Área Bruta Locável	8.178 m²	Mês de Reajuste	Abril
Área do Terreno	2.662 m²	Índice de Reajuste	IPCA
Tipo de Contrato de Locação	Atípico	Depósito Caução*	R$ 4.003.760,00

*Obs.: tendo em vista dificuldades recentes enfrentadas por diversas empresas, em especial decorrentes dos desdobramentos do caso Americanas, a Gestora negociou com a Atento a substituição temporária da Garantia prevista no Contrato de Locação, substituindo a apresentação de Fiança Bancária por um Depósito Caução em favor do Fundo. Assim, o valor de R$ 4,0 milhões já está depositado na conta do Fundo e será complementado mensalmente pelo inquilino até atingir o montante total da garantia, correspondente a R$ 6,9 milhões.

FUNDOS IMOBILIÁRIOS | DE UMA FORMA QUE NINGUÉM NUNCA EXPLICOU

Air Liquide
São Paulo - SP

Classe de Imóvel	Galpão Logíst. / Industrial	Ocupação do Imóvel	100%
Localização	V. Carioca - São Paulo/SP	Valor do Aluguel Vigente	R$ 426.499
Participação no Imóvel	100%	Vencimento	Fevereiro/2030
Área Bruta Locável	5.008m²	Mês de Reajuste	Fevereiro
Área do Terreno	9.126m²	Índice de Reajuste	IPCA
Tipo de Contrato de Locação	Atípico	Fiança Bancária	R$ 25.250.000 (Citibank)

BRF
Bauru - SP

Classe de Imóvel	Galpão Refrigerado	Ocupação do Imóvel	100%
Localização	Bauru/SP	Valor do Aluguel Vigente	R$ 148.469
Participação no Imóvel	100%	Vencimento	Agosto/2029
Área Bruta Locável	3.627m²	Mês de Reajuste	Setembro
Área do Terreno	12.906m²	Índice de Reajuste	IPCA
Tipo de Contrato de Locação	Atípico		

BRF
Guarulhos - SP

Classe de Imóvel	Galpão Refrigerado	Ocupação do Imóvel	100%
Localização	Guarulhos/SP	Valor do Aluguel Vigente	R$ 132.364
Participação no Imóvel	100%	Vencimento	Agosto/2029
Área Bruta Locável	3.459m²	Mês de Reajuste	Setembro
Área do Terreno	11.200m²	Índice de Reajuste	IPCA
Tipo de Contrato de Locação	Atípico		

CAPÍTULO 5 COMO DAR O PRIMEIRO PASSO?

IPG
São Paulo - SP

Ativo em processo de alienação.
Vide Fato Relevante de 26/06/2023.

Classe de Imóvel	Edifício Comercial	Ocupação do Imóvel	100%
Localização	São Paulo/SP	Valor do Aluguel Vigente	R$ 168.768
Participação no Imóvel	100%	Vencimento	Out/2029 (Período atípico vence em Out/2025)
Área Bruta Locável	4.516m²	Mês de Reajuste	Novembro
Área do Terreno	2.000m²	Índice de Reajuste	IPCA
Tipo de Contrato de Locação	Atípico		

Aptiv
Espírito Santo do Pinhal - SP

Classe de Imóvel	Galpão Logístico / Industrial	Ocupação do Imóvel	100%
Localização	Espírito Santo do Pinhal/SP	Valor do Aluguel Vigente	R$ 345.983
Participação no Imóvel	100%	Vencimento	Março/2029
Área Bruta Locável	18.591m²	Mês de Reajuste	Abril
Área do Terreno	59.239m²	Índice de Reajuste	IPCA
Tipo de Contrato de Locação	Atípico	Fiança Bancária	R$ 3.931.763 (Bradesco)

Santillana
São Paulo - SP

Classe de Imóvel	Edifício Comercial	Ocupação do Imóvel	100%
Localização	São Paulo/SP	Valor do Aluguel Vigente	R$ 418.364
Participação no Imóvel	100%	Vencimento	Dezembro/2029
Área Bruta Locável	9.261m²	Mês de Reajuste	Janeiro
Área do Terreno	5.403m²	Índice de Reajuste	IPCA
Tipo de Contrato de Locação	Atípico	Seguro Fiança	R$ 4.280.932 (Porto Seguro)

FUNDOS IMOBILIÁRIOS | DE UMA FORMA QUE NINGUÉM NUNCA EXPLICOU

DASA (Ascendino)
São Paulo - SP

Classe de Imóvel	Ed. Comercial/Laboratório
Localização	São Paulo/SP
Participação no Imóvel	100%
Área Bruta Locável	2.284m²
Área do Terreno	1.650m²
Tipo de Contrato de Locação	Atípico
Ocupação do Imóvel	100%
Valor do Aluguel Vigente	R$ 164.182
Vencimento	Dezembro/2035
Mês de Reajuste	Janeiro
Índice de Reajuste	IPCA
Seguro Fiança	R$ 2.903.444 (Pottencial)

DASA (Sumaré)
São Paulo - SP

Classe de Imóvel	Ed. Comercial/Laboratório
Localização	São Paulo/SP
Participação no Imóvel	100%
Área Bruta Locável	5.227m²
Área do Terreno	2.248m²
Tipo de Contrato de Locação	Atípico
Ocupação do Imóvel	100%
Valor do Aluguel Vigente	R$ 439.926
Vencimento	Dezembro/2035
Mês de Reajuste	Janeiro
Índice de Reajuste	IPCA
Seguro Fiança	R$ 8.384.454 (Pottencial)

Decathlon
São Paulo - SP

Classe de Imóvel	Edifício Comercial/Varejo
Localização	São Paulo/SP
Participação no Imóvel	100%
Área Bruta Locável	8.765 m²
Área do Terreno	14.978 m²
Tipo de Contrato de Locação	Atípico
Ocupação do Imóvel	100%
Valor do Aluguel Vigente	R$ 299.220
Vencimento	Dez/2050 (Período atípico vence em Dez/2030)
Mês de Reajuste	Fevereiro
Índice de Reajuste	IPCA

A Importância dos Relatórios de Gestão

O relatório também resume a política de investimentos do fundo de forma clara: no mínimo 80% do patrimônio líquido do fundo deve ser destinado à aquisição de imóveis prontos não residenciais (exceto hospitais e plantas industriais pesadas), concomitante à celebração de contratos de locação atípicos, e até o limite de 20% do patrimônio líquido do fundo pode ser destinado a imóveis ou direitos reais sobre imóveis não residenciais (exceto hospitais e plantas industriais pesadas) prontos ou em construção, entre outros.

FUNDOS IMOBILIÁRIOS | DE UMA FORMA QUE NINGUÉM NUNCA EXPLICOU

O fundo busca negócios com contratos atípicos de locação[5], com prazo mínimo de cinco anos e um *Cap Rate*[6] mínimo equivalente ao retorno da NTN-B[7] + 3% a.a.

Observe como o relatório gerencial[8] é uma ferramenta importante para conhecer melhor o fundo. Neste exemplo do ALZR11, você pode obter uma visão mais ampla e completa do desempenho do fundo ao longo dos anos. É esse tipo de análise que pode transformar um investidor novato em um investidor informado e confiante.

Reflexões sobre os Primeiros Passos

1) Quantas cotas devo comprar para começar?

Eu recomendo começar devagar e aos poucos. Isso é importante não apenas porque você provavelmente terá menos recursos para investir no início, mas também porque essa estratégia permite que você aprenda com seus erros e acertos.

Conforme você for economizando mais dinheiro para investir, já estará mais familiarizado com o sobe e desce do mercado, o que ajudará a evitar que você venda suas cotas quando o preço estiver baixo, por exemplo.

Esse é um comportamento que podemos chamar de "efeito manada", e é algo que você vai querer evitar – se comportar como todo mundo nos momentos mais sensíveis do mercado. Além disso, um ponto essencial a se lembrar quando você está começando é a diferença de reinvestir os dividendos que você recebe dos seus fundos imobiliários.

Isso vai fazer o seu dinheiro crescer muito mais rápido. Por fim, lembre-se que com a experiência você entenderá, por exemplo, que fundos que investem em um único ativo (um único imóvel, por exemplo) ou que têm apenas um inquilino, como alguns fundos que possuem agências bancárias, tendem a ser mais arriscados. Se o inquilino decidir não renovar o contrato, pode ser difícil encontrar um novo, e, enquanto isso, o fundo

---

5   Contratos celebrados nos termos do Art. 54-A da Lei 8.245, de 18 de outubro de 1991, conforme alterada ("Lei 8.245/91"), ou que tenham cláusulas contratuais que impeçam a ação revisional do valor da locação e que resultem na impossibilidade de rescisão imotivada pelo locatário, sem que seja realizado o pagamento de indenização em valor equivalente a, no mínimo, o valor presente do fluxo de aluguéis devidos até o final do período locatício.

6   Valor do Aluguel Anual dividido pelo Preço de Aquisição do Imóvel.

7   Média calculada com base nos 60 (sessenta) dias anteriores à data de aquisição do Ativo-Alvo, dos cupons da NTN-B, conforme apurado pela ANBIMA, com duration mais próximo ao duration do fluxo de aluguéis remanescentes na data de aquisição.

8   Você pode acessar o relatório gerencial e outras informações do ALZR11 nestes *sites*: https://fnet. bmfbovespa.com.br/fnet/publico/exibirDocumento?id=493611&cvm=true e https://fnet.bmfbovespa. com.br/fnet/publico/exibirDocumento?id=493611&cvm=true.

ficará sem renda. Portanto, tenha cuidado com esses fundos quando estiver começando.

2) Quanto vou receber em dividendos ou rendimentos?

Conforme explicado durante nossa jornada, os dividendos ou rendimentos mensais que você receberá como cotista correspondem a uma fração dos lucros do fundo que você recebe. No entanto, vamos ilustrar isso com um exemplo prático.

Digamos que você comprou 100 cotas na sua primeira compra de cotas de um fundo imobiliário. Se o fundo anunciar um rendimento de R$ 1,00 por cota, o cálculo do total que você receberá é bem simples: você multiplica o valor do rendimento por cota pelo número de cotas que possui. No seu caso, você possui 100 cotas, então receberá:

R$ 1,00 x 100 cotas = R$ 100,00.

Esse é o valor total dos rendimentos que você receberá neste período. Vamos pensar em outros exemplos:

a) Um investidor que tem 500 cotas receberá R$ 1,00 x 500 cotas = R$ 500,00. Com esse valor, o investidor já consegue comprar mais cotas sem precisar aportar mais dinheiro.

b) Uma investidora com 2.000 cotas receberá R$ 1,00 x 2.000 cotas = R$ 2.000,00 por mês. Com o valor recebido, essa investidora já consegue comprar mais cotas sem precisar aportar mais dinheiro.

Agora, se considerarmos que você comprou cada cota por R$ 100,00 e recebeu R$ 1,00 de rendimento por cota, isso representa uma rentabilidade de 1% (1,00/100,00 * 100 = 1%). Isso significa que o retorno sobre o valor que você investiu é de 1%. Já se você tivesse pago R$ 120,00 por uma cota e o rendimento fosse R$ 1,00 por cota, o retorno seria de aproximadamente 0,83% (1,00/120,00 * 100 = 0,83%).

Lembre-se, esses valores podem variar mês a mês, já que o rendimento é baseado no lucro do fundo. Além disso, cada FII tem suas particularidades, alguns oferecem rendimentos mais estáveis enquanto outros podem variar mais, normalmente acompanhando o nível de risco associado ao fundo.

3) Onde vou receber os dividendos ou rendimentos?

O dinheiro dos rendimentos é colocado diretamente na sua conta na corretora onde você adquiriu ou mantém suas cotas. Para verificar esse depósito é fácil: basta olhar o extrato da sua conta na corretora.

O dinheiro que você recebe de rendimentos é seu para usar como quiser. Você tem várias opções à sua disposição:

a) Transferência para o banco: você pode solicitar que a corretora transfira o dinheiro para sua conta bancária ou pode fazer isso sozinho por meio de uma TED. É como mover dinheiro de uma conta para outra.

b) Reinvestimento em cotas: se preferir, pode usar o dinheiro para comprar mais cotas do fundo, de outros fundos ou até mesmo adquirir outros ativos, como ações. Reinvestir é sempre a melhor opção. É como usar os lucros para aumentar seu investimento e receber mais dividendos no futuro.

c) Manter na corretora: você também pode optar por deixar o dinheiro na conta da corretora e investir em outros ativos.

Lembre-se, você é quem decide o que fazer com o seu dinheiro.

4) Qual será o valor necessário para viver da renda gerada com os fundos imobiliários?

Para responder a essa pergunta, precisamos fazer algumas contas.

A primeira delas é calcular o patrimônio que precisamos acumular para gerar a renda desejada. Há uma fórmula bem simples para isso, que nos mostra o valor necessário para obter a renda anual almejada sem diminuir o capital principal:

Patrimônio Necessário = Valor Desejado da Renda Anual
Rendimento Líquido do Investimento

Suponha que você queira uma renda de R$ 10 mil reais por mês, ou R$ 120 mil reais por ano. Se você encontrar investimentos que rendem 4% ao ano, descontando impostos e inflação, então a conta será a seguinte:

Patrimônio necessário = 120.000 / 4%

Patrimônio necessário = R$ 3.000.000,00

Portanto, um investidor que tenha R$ 3 milhões aplicados, rendendo 4% ao ano líquidos, conseguiria uma renda mensal de R$ 10 mil. Se o investidor acumulasse R$ 2 milhões e aplicasse o dinheiro com o mesmo rendimento de 4%, obteria uma renda mensal superior a R$ 6.500 mil reais.

Eu sei que os valores necessários para viver de renda podem parecer assustadores para quem está começando. No entanto, é importante lembrar que no começo as cifras não precisam ser tão altas.

Mesmo uma poupança modesta pode ser um bom começo e se acumulará com o tempo. Vale lembrar também que quanto maior a rentabilidade do investimento, menor será o patrimônio necessário para obter a mesma renda.

Porém, a rentabilidade varia de acordo com a taxa básica de juros da economia, a Selic, e está relacionada ao risco dos investimentos – em geral, quanto maior a rentabilidade, maior é o risco de perder parte do capital acumulado.

Por isso, é fundamental ponderar sobre esse dilema e considerar o seu perfil de risco, o horizonte de investimento e a situação financeira e patrimonial.

Exercício Prático: Planejamento de Investimento em Fundos Imobiliários

Instruções:

- Suponha que você tenha R$ 10.000,00 para começar a investir em fundos imobiliários. Seu desafio é elaborar um plano estratégico para distribuir esse capital, considerando os princípios de diversificação e alinhamento com seus objetivos financeiros.

- Defina seus Objetivos de Investimento:
  - Perfil de Risco: você é conservador, moderado ou arrojado?
  - Horizonte Temporal: você está investindo a curto, médio ou longo prazo?
  - Rendimento Esperado: você está buscando crescimento de capital ou renda passiva?

- Pesquise e Escolha os Fundos:
  - Identifique os diferentes setores do mercado imobiliário que você deseja investir (ex.: logística, shoppings, escritórios).
  - Seleção de Fundos: escolha os fundos que atendem aos critérios definidos, considerando diversificação, risco, retorno, liquidez etc.

- Distribuição do Capital:
  - Determine como os R$ 10.000,00 serão distribuídos entre os fundos selecionados.
  - Justificativa: explique as razões por trás da alocação, demonstrando como isso se alinha com seus objetivos de investimento a longo prazo.

- Avaliação de Riscos, Vantagens e Desvantagens:
  - Identifique os principais riscos, as vantagens e as desvantagens associadas ao seu plano e como você planeja mitigá-los.
  - Oportunidades: destaque quaisquer oportunidades específicas que você vê em sua estratégia.
- Reflexão Final:
  - Avalie seu plano como um todo. O que teria acontecido com ele durante a pandemia da covid-19?
  - Existem áreas que poderiam ser melhoradas ou ajustadas?
  - Quais seriam seus próximos passos para implementar este plano?

CONSIDERAÇÕES FINAIS

Caro leitor, chegamos ao final desta jornada sobre Fundos de Investimento Imobiliários (FIIs). Investir em imóveis é algo que muitos de nós associamos a uma base sólida, um lar, ou até mesmo a um símbolo de sucesso. Não importa se você está começando com uma pequena quantia ou um grande capital, o que realmente importa é o conhecimento e a sabedoria que você adquire ao longo do tempo e aplica em seus investimentos.

Assim como a construção de um edifício requer uma fundação sólida, seu sucesso no investimento em FIIs exige uma compreensão profunda dos conceitos, riscos e estratégias que discutimos ao longo deste livro. Cada capítulo foi como um tijolo nesta construção, e agora você tem as ferramentas para continuar construindo sua carreira de investidor de forma mais racional e sólida.

Talvez você já tenha ouvido a história de um sábio investidor que começou com pouquíssimo dinheiro e, por meio de estudos, análise e dedicação, transformou seu portfólio em uma grande fortuna.

Não. Eu não estou falando de fortuna financeira. Estou falando de utilizar nossos investimentos para melhorar a nossa vida de forma geral e, também, a vida dos nossos semelhantes.

Talvez a famosa "Regra 5/25" de Warren Buffett possa servir como uma metáfora poderosa para a sua jornada de investimentos. Essa regra simples, mas profunda, foi revelada por Buffett como um dos segredos de seu sucesso não apenas em investimentos, mas em sua vida como um todo.

- Escreva vinte e cinco objetivos que você tem na vida.
- Circule os cinco mais importantes e foque sua energia neles.
- Os outros vinte, coloque numa lista de coisas para não fazer.

Ao adotar essa abordagem, Buffett enfatiza a importância de se concentrar no que realmente importa e de evitar distrações que possam desviar você do seu caminho. Assim como Buffett, você tem o poder de transformar pequenos começos em grandes conquistas se focar como cada investimento pode ajudá-lo a alcançar os seus objetivos.

A chave está em sua dedicação, análise, e, acima de tudo, na capacidade de identificar e seguir o que é verdadeiramente importante para você. Com os conhecimentos adquiridos, você está agora muito mais bem equipado para trilhar este emocionante caminho.

Que sua jornada seja abençoada com sabedoria, sucesso e satisfação. Seja sempre um aprendiz ativo, pois cada decisão, cada investimento, é uma oportunidade de crescimento e realização.

A Regra 5/25 não é apenas uma ferramenta de gestão de tempo; é uma filosofia de vida que reflete a essência do que significa investir com propósito. Deixe que essa regra o guie, não apenas em suas decisões financeiras, mas em sua busca pelos verdadeiros objetivos da sua vida, como cuidar da sua família e das pessoas ao seu redor.

Lembre-se, o mercado financeiro brasileiro está sempre mudando, mas os princípios fundamentais permanecem os mesmos. Continue a aprender, a se adaptar, e a investir de acordo com seus objetivos e perfil.

Investir em fundos imobiliários pode ser uma ótima opção para diversificar sua carteira e ter exposição no mercado imobiliário. Contudo, é preciso prudência, análise e uma atenção constante aos riscos e oportunidades.

Este livro, com certeza, foi um excelente começo!

Concluindo, desejo a você uma jornada frutífera e enriquecedora no mundo dos investimentos. A jornada para a sabedoria financeira é longa, mas cada passo é uma oportunidade de crescimento. Lembre-se de que o sucesso não é apenas medido pelos retornos financeiros, mas também pelo crescimento pessoal que experimentamos ao longo do caminho.

REFERÊNCIAS BIBLIOGRÁFICAS

CAPÍTULO 1

ASSOCIAÇÃO BRASILEIRA DAS ENTIDADES DOS MERCADOS FINANCEIROS E DE CAPITAIS. Certificados de Recebíveis Imobiliários. Redatores: Caroline Teixeira Jorge, Marcelo da Silva Cidade. Rio de Janeiro: ANBIMA, 2015. Disponível em: https://www.anbima.com.br/data/files/BB/C0/CB/48/2EB675106582A275862C16A8/GuiaCRI-05-Nov_1_.pdf. Acesso em: 23 out. 2023.

ASSOCIAÇÃO BRASILEIRA DAS ENTIDADES DOS MERCADOS FINANCEIROS E DE CAPITAIS, ANBIMA. Deliberação nº 62 – Conselho de Regulação de Melhores Práticas de Fundos de Investimento, de 22 de junho de 2015. Sobre as diretrizes da ANBIMA para classificação de Fundos de Investimento Imobiliário (FII). Rio de Janeiro. Disponível em: http://www.anbima.com.br/data/files/9F/21/46/B7/FBC575106582A275862C16A8/Deliberac%20aoN%202062%20ClassificacaoFII%201%20.pdf. Acesso em: 23 out. 2023.

B3. Produtos e Serviços. Negociação. Renda Variável. Fundos de Investimento Imobiliário (FII). Disponível em: https://www.b3.com.br/pt_br/produtos-e-servicos/negociacao/renda-variavel/fundos-de-investimento-imobiliario-fii.htm. Acesso em: 23 out. 2023.

B3. Produtos e Serviços. Negociação. Renda Fixa. Títulos Privados. Certificados de Recebíveis Imobiliários (CRI). Disponível em: https://www.b3.com.br/pt_br/produtos-e-servicos/negociacao/renda-fixa/certificados-de-recebiveis-imobiliarios.htm. Acesso em: 23 out. 2023.

B3. Produtos e Serviços. Registro. Renda Fixa e Valores Mobiliários. Captação Bancária. Letra de Crédito Imobiliário (LCI). Disponível em: https://www.b3.com.br/pt_br/produtos-e-servicos/registro/renda-fixa-e-valores-mobiliarios/letra-de-credito-imobiliario.htm. Acesso em: 23 out. 2023.

BRASIL. Comissão de Valores Mobiliários (CVM). Instrução CVM nº 472, de 31 de outubro de 2008. Dispõe sobre a constituição, a administração, o funcionamento, a oferta pública de distribuição de cotas e a divulgação de informações dos Fundos de Investimento Imobiliário (FII). Revoga as Instruções 205/94, 389/03, 418/05 e 455/07. Disponível em: https://conteudo.cvm.gov.br/legislacao/instrucoes/inst472.html. Acesso em: 23 out. 2023.

BRASIL. Presidência da República. Lei nº 8.668/93, de 25 de junho de 1993. Dispõe sobre a criação dos Fundos de Investimento Imobiliário (FII), sua constituição e regime tributário. Disponível em: https://www.planalto.gov.br/ccivil_03/leis/l8668.htm#:~:text=LEI%20No%208.668%2C%20DE,Imobili%C3%A1rio%20e%20d%C3%A1%20outras%20provid%C3%AAncias. Acesso em: 23 out. 2023.

BRASIL. Lei nº 11.003/04, de 21 de dezembro de 2004. Altera tributação do mercado financeiro e de capitais. Disponível em: http://www.planalto.gov.br. Acesso em: 23 out. 2023.

_____. Lei nº 11.196/05, de 21 de novembro de 2005. Isenta tributação dos rendimentos de cotistas pessoas físicas, mediante atendimento de requisitos específicos. Disponível em: http://www.planalto.gov.br. Acesso em: 23 out. 2023.

_____. Lei nº 11.771/08, de 17 de setembro de 2008. Dispõe sobre a política Nacional do Turismo. Disponível em: http://www.planalto.gov.br. Acesso em: 23 out. 2023.

_____. Lei nº 12.024/09, de 27 de agosto de 2009. Altera as Leis 11.196/05 e a Lei 8668/93. Disponível em: http://www.planalto.gov.br. Acesso em: 23 out. 2023.

_____. Lei nº 11.196, de 21 de novembro de 2005. Dispõe, entre outros assuntos, sobre a isenção de cobrança de IR na distribuição de rendimentos de pessoas físicas. Disponível em: https://www.planalto.gov.br/ccivil_03/_ato2004-2006/2005/lei/l11196.htm. Acesso em: 23 out. 2023.

_____. Lei nº 9.779/99, de 19 de janeiro de 1999. Altera a regulamentação do imposto de renda, relativo aos FII. Disponível em: http://www.planalto.gov.br. Acesso em: 23 out. 2023.

_____. Ofício-Circular/CVM/SIN/SNC/nº 01/2014, de 2 de maio de 2014. Disponível em: https://conteudo.cvm.gov.br/legislacao/oficios-circulares/sin-snc/oc-sin-snc-0114.html. Acesso em: 23 out. 2023.

_____. Ofício-Circular/CVM/SIN/SNC/nº 01/2015, de 18 de março de 2015. Disponível em: https://conteudo.cvm.gov.br/legislacao/oficios-circulares/sin-snc/oc-sin-snc-0115.html. Acesso em: 23 out. 2023.

_____. Resolução CVM nº 175, de 23 de dezembro de 2022. Dispõe sobre a constituição, o funcionamento e a divulgação de informações dos fundos de investimento, bem como sobre a prestação de serviços para os fundos, e revoga as normas que especifica. Disponível em: https://conteudo.cvm.gov.br/legislacao/resolucoes/resol175.html. Acesso em: 23 out. 2023.

CORGEL, John B., et al. "Real Estate Investment Trusts: A Review of the Financial Economics Literature." Journal of Real Estate Literature, vol. 3, no. 1, 1995, pp. 13–43. JSTOR, http://www.jstor.org/stable/44103282. Acesso em: 23 out. 2023.

FLEURY, Lucas. "Fundos Imobiliários: Uma introdução necessária." ETFs e Fundos. Disponível em: https://br.investing.com/analysis/fundos-imobiliarios-uma-introducao-necessaria-200458377. Acesso em: 23 out. 2023.

PORTAL DO INVESTIDOR. Fundos de Investimentos Imobiliários (FII). Disponível em: https://www.gov.br/investidor/pt-br/investir/tipos-de-investimentos/fundos-de-investimentos-imobiliarios-fii. Acesso em: 23 out. 2023.

RIO BRAVO. Relatórios Gerenciais. Fundo de Investimento Imobiliário Shopping Pátio Higienópolis (SHPH11). Jun./2023. Disponível em: https://www.riobravo.com.br/wpcontent/uploads/2023/08/06_2023_SHPH11_Relatorio_v2.pdf. Acesso em: 23 out. 2023.

TESOURO DIRETO. Como Investir. Como Funcionam os Títulos Pós-Fixados. Disponível em: https://www.tesourodireto.com.br/videos/como-funcionam-os-titulos-pos-fixados.htm. Acesso em: 23 out. 2023.

TESOURO DIRETO. Como Investir. Como Funcionam os Títulos Prefixados. https://www.tesourodireto.com.br/videos/como-funciona-tesouro-direto-prefixado.htm. Acesso em: 23 out. 2023.

UQBAR. Anuário Uqbar FII 15ª Edição, 2022. Disponível em: https://uqbar.com.br/anuarios. Acesso em: 23 out. 2023.

CAPÍTULO 2

ANBIMA. O que é liquidez? Disponível em: https://comoinvestir.anbima.com.br/escolha/compreensao-de-conceitos/o-que-e-liquidez-2/. Acesso em: 23 out. 2023.

BANCO CENTRAL DO BRASIL. Taxa Selic. Disponível em: https://www.bcb.gov.br/controleinflacao/taxaselic. Acesso em: 23 out. 2023.

B3. Boletim Mensal. Fundos Imobiliários. Real Estate Funds News Letter. https://www.b3.com.br/data/files/CB/E7/51/0B/A59F9810746C7D98AC094EA8/Boletim%20FII%20-%2007M23.pdf. Acesso em: 23 out. 2023.

BRASIL. Câmara dos Deputados. Projeto de Lei nº 2.337 de 2021. Sobre a tentativa de tributação dos Fundos de Investimento Imobiliários (FIIS). Disponível em: https://www.camara.leg.br/propostas-legislativas/2288389. Acesso em: 23 out. 2023.

BRASIL. Comissão de Valores Mobiliários (CVM). Resolução CVM nº 160, de 13 de julho de 2022. Dispõe sobre as ofertas públicas de distribuição primária ou secundária de valores mobiliários e a negociação dos valores mobiliários ofertados nos mercados regulamentados. Disponível em: https://conteudo.cvm.gov.br/legislacao/resolucoes/resol160.html. Acesso em: 23 out. 2023.

FLEURY, Lucas. "Harry Markowitz: Entenda a contribuição mais importante para os investimentos." Resumo do Mercado. Disponível em: https://br.investing.com/analysis/harry-markowitz-entenda-a-contribuicao-mais-importante-para-os-investimentos-200458992. Acesso em: 23 out. 2023.

MARKOWITZ, Harry. Portfolio Selection. Journal of Finance, vol. 7, Março de 1952, p. 77-91. Artigo disponível em: https://edisciplinas.usp.br/pluginfile.php/4194738/mod_resource/content/1/HarryMarkowitz_1952.pdf. Acesso em: 23 out. 2023.

MORAES, Arthur; SERRA, Ricardo. Diversificação dos Fundos de Investimento Imobiliário Brasileiros. 2016. Dissertação (Mestrado). Faculdade de Administração, Fundação Escola de Comércio Alvares Penteado. São Paulo. http://pergamum.fecap.br/biblioteca/imagens/00002d/00002d9b.pdf. Acesso em: 23 out. 2023.

PORTAL DO INVESTIDOR. Fundos de Investimentos Imobiliários (FII): Principais riscos. Disponível em: https://www.gov.br/investidor/pt-br/investir/tipos-de-investimentos/fundos-de-investimentos-imobiliarios-fii. Acesso em: 23 out. 2023.

STATMAN, Meir. "The Diversification Puzzle." Financial Analysts Journal, vol. 60, no. 4, 2004, pp. 44-53. JSTOR, http://www.jstor.org/stable/4480587. Acesso em: 23 out. 2023.

CAPÍTULO 3

BRASIL. Comissão de Valores Mobiliários (CVM). Guia CVM do Investidor, Fundos de Investimento Imobiliário, 2ª Edição. 2015. Rio de Janeiro. Disponível em: https://www.gov.br/investidor/pt-br/educacional/publicacoes-educacionais/guias/guia-de-fundos-de-investimento-imobiliarios.pdf/view. Acesso em: 23 out. 2023.

BRASIL. Comissão de Valores Mobiliários (CVM). Instrução Normativa n. 400, de 29 de dezembro de 2003. Dispõe sobre ofertas públicas nos mercados primário e secundário, e revoga as Instruções 13/80 e 88/88. <Disponível em: http://www.cvm.gov.br. Acesso em: 23 out. 2023.

_____. Comissão de Valores Mobiliários (CVM). Instrução Normativa nº 482, de 05 de abril de 2010. Altera a instrução 476/09. Disponível em: http://www.cvm.gov.br. Acesso em: 23 out. 2023.

FERREIRA, Maria Fernanda. Fundos de Investimento Imobiliário – Governança Corporativa. 2011. Dissertação (Mestrado). Escola Politécnica, Universidade de São Paulo. São Paulo. Disponível em: https://www.teses.usp.br/teses/disponiveis/3/3146/tde-12122011-135043/publico/Dissertacao_Fernanda_Maria_Ferreira.pdf. Acesso em: 23 out. 2023.

FIIS.com.br. P/VP: Entendendo o Indicador Preço/Valor Patrimonial. João Vitor Jacintho. Recuperado de https://fiis.com.br/artigos/p-vp/. Acesso em: 23 out. 2023.

FIIS.com.br. Dividend Yield em FIIs. Rafael Campagnaro. Recuperado de https://fiis.com.br/artigos/dividend-yield-fiis/. Acesso em: 23 out. 2023.

REFERÊNCIAS BIBLIOGRÁFICAS

FIORINI, Renato Maestre. (2012). Determinantes da rentabilidade dos fundos de investimento imobiliário no Brasil (Dissertação de mestrado). Fundação Getúlio Vargas – FGV, São Paulo, SP, Brasil. https://bibliotecadigital.fgv.br/dspace/handle/10438/10349. Acesso em: 23 out. 2023.

MORAES, A. Diversificação dos Fundos de Investimento Imobiliário Brasileiros. 2016. Dissertação (Mestrado). Faculdade de Administração, Fundação Escola de Comércio Alvares Penteado. São Paulo. Disponível em: http://pergamum.fecap.br/biblioteca/imagens/00002d/00002d9b.pdf. Acesso em: 23 out. 2023.

STERTZ, Estefania. Análise de Desempenho entre Fundos de Investimentos Imobiliários e o Investimento Direto em Imóveis. 2016. Dissertação (Mestrado), Centro de Tecnologia, Programa de Pós-Graduação em Engenharia de Produção, UFSM. Santa Maria. Disponível em: https://repositorio.ufsm.br/handle/1/8382. Acesso em: 23 out. 2023.

REITnotes. REIT Dictionary. Price-to-Book (P/B) Ratio. Recuperado de: https://www.reitnotes.com/reit-dictionary/#:~:text=Price%2Dto%2DBook%20(P%2FB)%20Ratio&text=The%20Book%20Value%20per%20Share%20formula%20can%20be%20calculated%20by,its%20book%20value%20per%20share. Acesso em: 23 out. 2023.

CAPÍTULO 4

ÁGORA INVESTIMENTOS. Exemplo de Renda Mínima Garantida (RMG). Autor: Ricardo França Wellington Lourenço. Fundos de Investimento Imobiliário. Fevereiro 2020. Disponível em: https://www.agorainvest.com.br/uploads/centro_informacoes/fiis/NTFII030222.pdf. Acesso em: 23 out. 2023.

BARRETO, J. V. S. (2016). Fundos de Investimento Imobiliário no Brasil: As Características que Explicam o Desempenho. Dissertação de Mestrado, Fundação Getulio Vargas Escola de Economia de São Paulo, São Paulo, Brasil. Disponível em: https://bibliotecadigital.fgv.br/dspace/bitstream/handle/10438/15511/Dissertação%20-%20José%20Victor%20Souza%20Barreto.pdf. Acesso em: 23 out. 2023.

BRASIL. Comissão de Valores Mobiliários (CVM). Guia CVM do Investidor, Fundos de Investimento Imobiliário, 2ª Edição. 2015. Rio de Janeiro. Disponível em: https://www.gov.br/investidor/pt-br/educacional/publicacoes-educacionais/guias/guia-de-fundos-de-investimento-imobiliarios.pdf/view. Acesso em: 23 out. 2023.

BROUNEN, Dirk DE KONING, Sjoerd. (2012). "50 Years of Real Estate Investment Trusts: an international examination of the rise and performance of REIT." Journal of Real Estate Literature, 20 (2), 197-223. Disponível em: https://www.tandfonline.com/doi/abs/10.1080/10835547.2014.12090324. Acesso em: 23 out. 2023.

BTG Pactual S.A. Exemplo de Renda Mínima Garantida (RMG). Carteira Recomendada de Fundos Imobiliários Equity Research. Autores: Daniel Marinelli, Gustavo Cambaúva. Dezembro 2020. São Paulo – Banco BTG Pactual Digital. Disponível em: https://www.btgpactualdigital.com/wp-content/uploads/2020/12/BTGFII-DEZ20.pdf. Acesso em: 23 out. 2023.

ECONOMATICA. (2023). Dividend Yield médio dos índices Ibovespa, de Dividendos e de Fundos Imobiliários. Economatica: Plataforma de Informações Financeiras. Conteúdo de propriedade da Economatica. Disponível em: https://insight.economatica.com/dividend-yield-medio-dos-indices/. Acesso em: 23 out. 2023.

ECONOMATICA. (2022, 15 de agosto). "Evolução mensal do Dividend Yield médio dos índices IBOV, IDIV e IFIX: Julho de 2022." Economatica: Plataforma de Informações Financeiras. Conteúdo de propriedade da Economatica. Acionista.com.br. Disponível em: https://acionista.com.br/evolucao-mensal-do-dividend-yield-medio-dos-indices-ibov-idiv-e-ifix-julho-de-2022/. Acesso em: 23 out. 2023.

IBBOTSON, Roger; MILEVSKY, Moshe; ZHU, Kevin. "Sobre transformar capital humano em capital financeiro." In: Lifetime Financial Advice: Human Capital, Asset Allocation, and... (2007). Disponível em: https://www.researchgate.net/publication/251852872_Lifetime_Financial_Advice_Human_Capital_Asset_Allocation_and_Insurance. Acesso em: 23 out. 2023.

"Insurance. Ver figura 2.2 (Expected Financial Capital, Human Capital, and Total Wealth over Life Cycle with Optimal Asset Allocation)." Disponível em: https://www.researchgate.net/publication/251852872_Lifetime_Financial_Advice_Human_Capital_Asset_Allocation_and_Insurance. Acesso em: 23 out. 2023.

MICHELOTTI, Caio Moreira. (2018). Análise do Risco Atrelado ao Investimento em Fundos de Investimento Imobiliário. Tese de Mestrado, Universidade Federal do Rio de Janeiro, Rio de Janeiro, Brasil. Disponível em: http://repositorio.poli.ufrj.br/monografias/monopoli10023566.pdf. Acesso em: 23 out. 2023.

PAGANINI, H (2020). Determinantes de Retornos dos Fundos de Investimento Imobiliário no Brasil. Dissertação de Mestrado Profissional em Administração, Insper, São Paulo, Brasil. Disponível em: https://repositorio.insper.edu.br/bitstream/11224/2667/3/Kianne%20Paganini.pdf. Acesso em: 23 out. 2023.

RIO BRAVO. Exemplo de Renda Mínima Garantida (RMG). Relatório Gerencial FII Rio Bravo Renda Corporativa RCRB11. Abril de 2023. Disponível em: https://www.riobravo.com.br/wp-content/uploads/2023/05/04_2023_RCRB_Relatorio_v4.pdf. Acesso em: 23 out. 2023.

VIEIRA DE MORAES, Arthur; SERRA, Ricardo. (2017). "Comparação do risco-retorno do IFIX com IBOVESPA, IDIV, SMLL e IMOB." Resenha B3, 7, 29-37. Disponível em: https://www.researchgate.net/publication/321978287_Comparacao_do_risco-retorno_do_IFIX_com_IBOVESPA_IDIV_SMLL_e_IMOB. Acesso em: 23 out. 2023.

CAPÍTULO 5

ANBIMA. (01 de setembro de 2022). "Como começar a investir com pouco dinheiro?" Disponível em: https://comoinvestir.anbima.com.br/noticia/como-comecar-investir-com-pouco-dinheiro/. Acesso em: 23 out. 2023.

ANBIMA. (02 de agosto de 2021). "Como investir: guia completo para iniciantes." Recuperado de: https://comoinvestir.anbima.com.br/noticia/como-investir/. Acesso em: 23 out. 2023.

ANBIMA. (s.d.). "Curso completo sobre Fundos Imobiliários." FII – Fundos de Investimento Imobiliários. Plataforma Educacional da ANBIMA. Disponível em: https://cursos.anbima.com.br/detalhes-item/61a0e06e271d2829b338c89c. Acesso em: 23 out. 2023

ANBIMA. (17 de junho de 2020). "ANBIMA Explica: Fundos imobiliários." Recuperado de: https://comoinvestir.anbima.com.br/noticia/anbima-explica-11-fundos-imobiliarios/. Acesso em: 23 out. 2023.

B3 Educação. (s.d.). "Curso: Como começar a investir." Disponível em: https://edu.b3.com.br/play/curso/52610594. Acesso em: 23 out. 2023.

B3. "Como começar a investir? Cinco passos para se tornar um investidor." Disponível em: https://borainvestir.b3.com.br/objetivos-financeiros/como-comecar-a-investir-veja-dicas-para-iniciantes/. Acesso em: 23 out. 2023.

BTG Pactual Digital. (s.d.). "Primeiros passos: como começar a investir." Recuperado de: https://www.btgpactualdigital.com/como-investir/primeiros-passos. Acesso em: 23 out. 2023.

FLEURY, Lucas F. "Hub de Educação Financeira da Bolsa de Valores." B3 Educação. Disponível em: https://edu.b3.com.br/play/text/75734088/detalhe?institution=edub3. Acesso em: 23 out. 2023.

XP Investimentos. (s.d.). "Como começar a investir." Recuperado de: https://conteudos.xpi.com.br/aprenda-a-investir/trilhas/como-comecar-a-investir/. Acesso em: 23 out. 2023.

FUNDOS IMOBILIÁRIOS | DE UMA FORMA QUE NINGUÉM NUNCA EXPLICOU

Sites consultados

- Acionista

  https://acionista.com.br

- Anbima

  https://www.anbima.com.br

- Banco Central do Brasil

  https://www.bcb.gov.br

- B3

  https://www.b3.com.br

- Economatica

  https://insight.economatica.com/

- FIIS

  https://fiis.com.br

- Funds Explorer

  https://www.fundsexplorer.com.br

- Investidor 10

  https://investidor10.com.br

- Investing.com

  www.investing.com

- Mais Retorno

  https://maisretorno.com/

- Status Invest

  https://statusinvest.com.br/fundos-imobiliarios

- Utilitários Online

  https://utilitariosonline.com.br/magic-number

REFERÊNCIAS BIBLIOGRÁFICAS

Este livro não configura um relatório de análise, de acordo com a Instrução nº 598/2018 da Comissão de Valores Mobiliários (CVM), e tampouco uma consultoria de valores mobiliários, conforme definido pela Instrução CVM nº 592/2017. As informações contidas neste livro são estritamente educativas e informativas, não devendo ser interpretadas como recomendações de investimento, relatórios, estudos ou análises sobre títulos e valores mobiliários que possam auxiliar ou influenciar a tomada de decisão de investimento de leitores. Investimentos em títulos e valores mobiliários estão sujeitos a riscos. Dependendo das circunstâncias, pode haver perda parcial ou total do capital investido, ou até mesmo a necessidade de aportes adicionais. Os dados, informações, relatórios, elementos textuais e gráficos deste livro são dinâmicos; números e informações podem sofrer alterações conforme as flutuações do mercado. O autor e a editora não serão responsáveis por perdas, diretas ou indiretas, ou pela perda de lucros oriundos da utilização deste livro para qualquer finalidade. Rentabilidades passadas mencionadas não garantem ou preveem rentabilidades futuras. O investimento em fundos não é assegurado pelo administrador do fundo, pelo gestor, por qualquer tipo de seguro, ou pelo Fundo Garantidor de Crédito (FGC). Este livro não deve ser a única fonte de informação para decisões de investimento. Recomenda-se aos leitores que busquem múltiplas fontes de informação. Os leitores devem ler documentos oficiais, como regulamentos, lâminas e prospectos, antes de investir. As opiniões aqui expressas podem ser modificadas sem aviso prévio e não representam ofertas para compra ou venda de títulos, valores mobiliários ou qualquer outro instrumento financeiro. Assim, o autor e editora declinam toda e qualquer responsabilidade por prejuízos resultantes de decisões baseadas no conteúdo deste livro. Para perguntas, *feedbacks* ou esclarecimentos, favor entrar em contato pelo *e-mail* producaobrasil@ealmedina.com.br.